シリーズ
世界の宗教
WORLD RELIGIONS

仏教

改訂新版

BUDDHISM Revised Edition

M・B・ワング

宮島磨　訳

青土社

仏教　改訂新版　目次

8 現代の仏教 163

仏教

改訂新版

Photo credits ;

Page 14-5 The Bettmann Archive ; 19 Seated Buddha, Chinese, T'ang Dynasty. Early 8th century. gilt bronze, 8". Metropolitan Museum of Art, Rogers Fund, 1943 ; 21 Bruce Stromberg, ASIA IMAGES ; 23 Photo courtesy of Korean Overseas Information Service ; 28-9 The Bettmann Archive ; 39 UPI/Bettmann ; 41 The Newark Museum ; 45 UPI Bettmann ; 52-3, 59 The Bettmann Archive ; 63 AP/Wide World ; 76-7 Sekai Bunka photo, Shashinka Photo Library ; 81 Art Resource ; 87 Guanyin. Wood with Polychrome and gilt. 11th century, Chinese. The Saint Louis Art Museum ; 93, 104-5 UPI/Bettmann ; 126-7 Photo courtesy of Korean Overseas Information Service ; 129 REUTERS•SUN ; 135 AP/Wide World ; 141 Carmel Berkson photo from Art Resource ; 155 Courtesy Ceylon Tourist Board ; 159 Bonnie Kamin ; 161 Courtesy Ceylon Tourist Board ; 166-7 UPI/ Bettmann ; 171 AP/Wide World ; 173 UPI/Bettmann.

序文

現代は「世俗の時代」と呼ばれることがある。それは、基本的には、宗教が大半の人間にとってとくに重要な問題でないことを意味する。しかし、これが正しくないことを示唆する証拠も多い。合衆国を含む多くの社会で、宗教や宗教的価値が何百万という人々の生活を形づくり、政治や文化においても重要な役割をはたしている。

この「シリーズ世界の宗教」は、学生と一般読者向けに編まれたものである。シリーズの各巻は、わたしたちの時代のおもな宗教的伝統や慣習について、だれにでもわかる明確な文章で解説する。その宗教が実践されている地域や、起源と歴史、その中心的な信条や重要な儀式、世界の文明にはたした貢献などを述べる。注意深く吟味された図版は、本文を補い、用語解説や文献一覧は、主題をより深く理解しようとする読者の一助になるであろう。

世界史のなかで、宗教的慣習と宗教性は、つねに中心的な役割をはたしてきた。本シリーズの諸巻は、宗教とは何であるかを明らかにし、今日の世界で実践されているさまざまな偉大な宗教の伝統にみられる類似性と相違を明らかにするであろう。

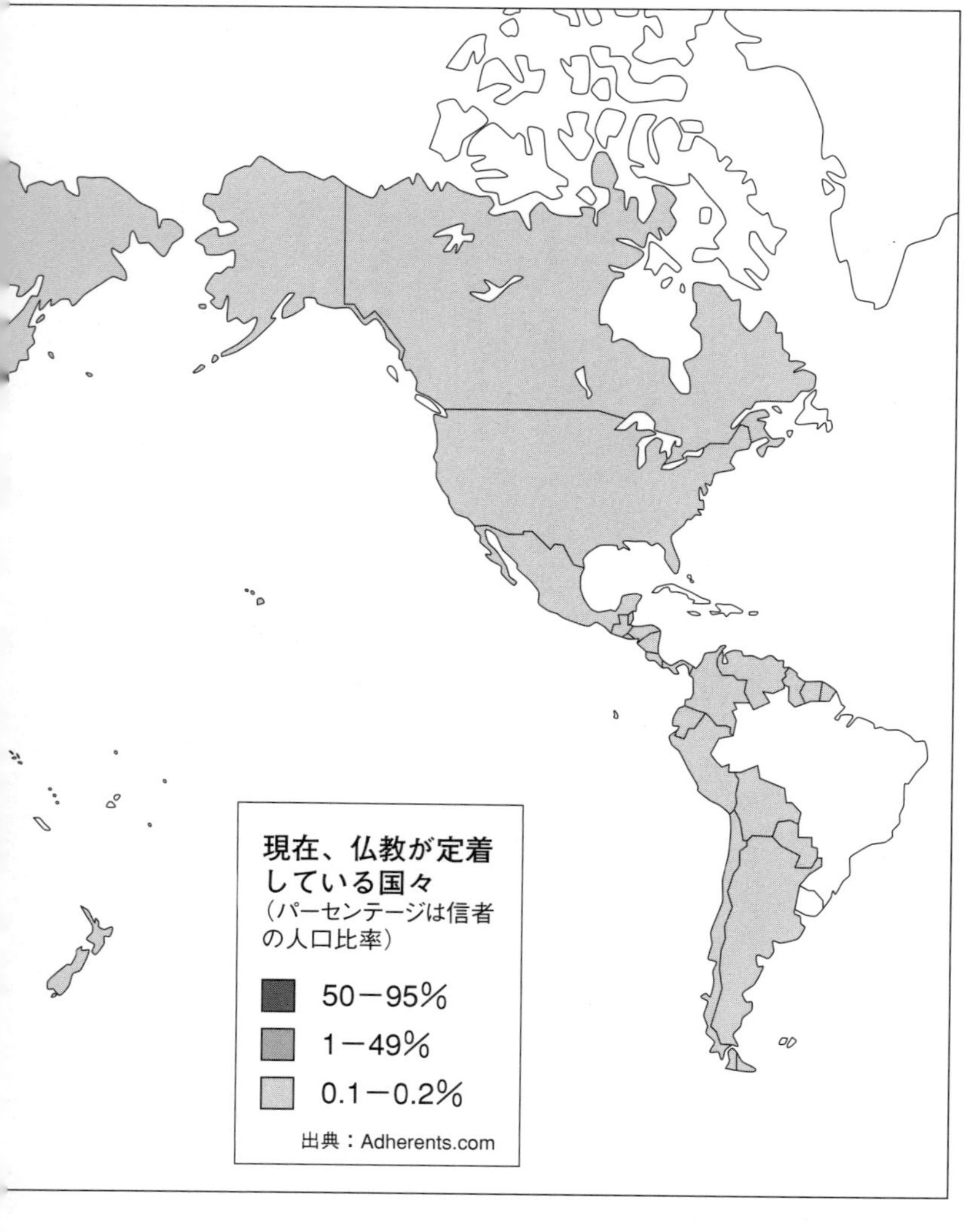
現在、仏教が定着
している国々
（パーセンテージは信者
の人口比率）
50−95％
1−49％
0.1−0.2％
出典：Adherents.com

1 現代の仏教世界

今日、世界中で約三億五千万人が仏教徒であり、仏教は世界で四番目に大きな宗教となっている。しかしながら、その信者数が示すよりもはるかに大きな影響力を仏教はもっている。ゴータマ・シッダールタ——ブッダとして知られる——が二五〇〇年ほど前にその平易な教えを説いて以来、仏教はその発祥国インドからアジア中に広まった。インド、中国、日本、朝鮮、タイ、チベットをはじめとするアジア諸国に及ぼしてきた仏教の影響力は、絶大であり、また永続的なものである。

今日、仏教を主要宗教とする国々は、日本、チベット、ラオス、ミャンマー（ビルマ）、シンガポール、スリランカ、台湾、タイ、カンボジア、ブータン、ヴェトナムである。人口世界第一の中国は公式には無神論の立場をとるが、少数派ながらも相当数の国民が仏教を信仰している。さらに数百万の中国人は、仏教徒としての実践こそ行わないものの、仏教のもつ文化的な諸側面の影響を受けている。

仏教はアジアだけに限定されている訳ではない。この一世紀の間、仏教はヨーロッパや合衆国でその崇拝者や信奉者を獲得してきた。実際、合衆国の州のひとつであるハワイでは大多数が仏教徒である。

仏教の影響の及んだ国々はみな、文化的に、また芸術的に豊かであった。仏の形姿はアジアのいたる所で、巨大な彫像や繊細な小立像をはじめ、数えきれないほどの美術様式において表現されている。ブッダの生涯にちなんだいくつかの場面がアジアの芸術において重要視されている点は、西洋の芸術におけるイエス・キリストの物語の場面と同様である。

仏教とは何か

仏教は霊的発見への道である。その開祖ゴータマ・シッダールタは人間の置かれてある状態を医者のごとくつぶさに観察した。彼は病と老いと死とを見出した。喜びや快も存在することは充分に認識していたが、これらは永続きしないものと観てとった。人生における事物はすべて永続しない、すなわち移ろいゆく、はかないもの〈無常〉である。したがって、喜びのさなかですら、それが永続きせず、やがて死が訪れることを知ると苦悩が生じるのである。

シッダールタはインドに生まれ育ったために、死は苦悩からの最終的な解放ではないと考えた。というのも、インドの宗教伝統のもとでは、死後も霊魂は新たな肉体の中へと再生するからである。誕生・死・再生という循環は果てしなく続く。いっさいの有情（生きとし生けるもの）はこの循環の中にからめ捕らえられている。シッダールタは、この果てしなき再生の踏み車から脱出する道を

ミャンマー（ビルマ）、ラングーンのシュエダゴン・パゴダ。近くに停められた車が古代の仏教遺跡と好対照をなしている。これらの車は、塔内に安置された仏像を礼拝しに来る信者たちを寺院へ連れてゆくためのものである。

見出すべく苦闘したのであった。

シッダールタは、この問題について考え抜くためにその生涯を捧げた。答を見出すまでには厳しい苦行や瞑想を行った。彼は開悟のその瞬間にブッダとなった。ブッダとは〝悟りを開いた者〟もしくは〝目覚めた者〟を意味する敬称である。

ブッダは人間の欲望はいかなる形のものであれ苦悩の原因であると診断した。したがって、彼の〝治療法〟すなわち解決法は、〝正しい思いと正しい行い〟とによって欲望を止滅することであった。これは八正道の実践によって可能となる。八正道とは八段階からなる一連の高度な倫理綱目である。八正道の初めの段階には、いっさいの有情に慈悲深く振舞うことを求める道しるべが並ぶが、以後はより難しい段階が続き、瞑想や長期にわたる鍛錬が求められた。

仏教のこの真理〈法〉はダルマとして知られている。実際、仏法（ブッダダルマ）というのがこの宗教のアジアでの名称である。それは〝中道〟とも呼ばれる。ブッダは法に従わんとするひとびとに両極端の行為、すなわち厳しい苦行や、もう一方の極である快楽への利己的な執着を避けるようにと説いた。ブッダは言う。「これら二つの極端を避けよ。ひとつは感覚的快楽に対する執着であり、これは下劣で卑しい。もうひとつは苦行であり、これは苦痛である。いずれも無駄なことである。」

憎しみは憎しみによっては克服されない。憎しみが克服されるのは慈しみによってである。これは永遠の真理である。

『ダンマパダ』より（1：5）

自己の主となれるのは自己以外にない。他のいかなる人が主になり得よう？　主と召使とがひとつになったその時にこそ、真の救いと自己調御がある。

『ダンマパダ』より（12：160）

蜜蜂が花の美しさや香りをそこなうことなく蜜をとって飛び去るように、聖者はこの世をさすらうべきである。

『ダンマパダ』より（4：49）

生涯の間にブッダはサンガを形成して、その教説を制度化した。サンガとは、仏教を実践し、他のひとびとにそれを教え伝えてゆく僧尼の共同体である。今日でも、サンガのメンバーは仏教の開祖との生き生きとした結びつきを与えてくれる。

正しい八正道の実践によって、ひとはやがてニルヴァーナ〈涅槃〉に達する。これは定義が難しい語である。仏教徒はことばでは表現しえないと言ってきた。キリスト教やイスラームの天国とは違う。古代インド語であるサンスクリット語では、ニルヴァーナとは〝吹き消すこと〟（炎が吹き消されるように）を意味する。吹き消されるものは、増悪〈瞋〉・貪欲〈貪〉・幻惑〈癡〉である。

別の面からみると、ニルヴァーナは〝我《エゴ》〟ないし〝自己《セルフ》〟の消滅であり、人間がひとつの生から次の生へと旅してゆくその苦悩や苦痛の道に終りをつげた状態を意味する。ニルヴァーナという語はまた〝際限なき膨張〟をも意味するが、これは宇宙の一部分となることを表しているとも言えよう。ニルヴァーナこそ、まさにシッダールタがブッダとなった時に到達した境地であった。

仏教は他の諸宗教と同じく人類の――実に、ありとあらゆる生き物の――幸福に関心を払う。ニルヴァーナの達成に努めるにあたっては高度の倫理綱目が説かれる。信奉者は、いかなる種類の殺生も行わないこと・嘘をつかないこと・欺いたり盗んだりしないこと・他のひとびとを親切に扱うことが求められる。ブッダは言った。「憎しみは、いついかなる時も、憎しみによってやむことはない。憎しみがやむのは慈しみによってである。」

しかしながら、いくつかの重要な点で、仏教は他の主要宗教とは異なっている。仏教は至上者についての記述はいっさい行わない。というのもブッダが不可知論者だったからである。仏教には信者に実践が義務づけられているような信条はひとつもない。一神教のように全面的な忠誠を信者に求めることもない。ユダヤ・キリスト教的な戒律「私以前にいかなる神をももってはならない」に相当するものもない。仏教徒には実践が義務づけられている儀式や儀礼もない（もっとも、さまざまな宗派によって多くの儀式・儀礼が作られてはきたが）。仏教の魅力はひとえにその開祖の教えと、さまざまな文化や哲学に対する柔軟な適応力にあったのである。

仏教のすぐれた多様性

キリスト教の開祖キリストやイスラームの開祖ムハンマドと同様に、ブッダは自らの教えを文章に書き記さなかった。弟子たちは師のことばを記憶し、その信奉者たちがそれらを口頭で伝えていったのである。ブッダの教説が包括的な形で最初に記録編集されたのは彼の死後五〇〇年経ってからのことであった。

それまでに仏教はすでに二大形態へと発展を遂げていた。テーラヴァーダ〈上座部〉仏教とマハーヤーナ〈大乗〉仏教である。概して、上座部仏教の信奉者は歴史上のブッダの教えに字義どおりに従う傾向が強かったのに対し、大乗仏教の信者はブッダの教説を比較的自由に適用した。

だいたいにおいて、今日、上座部仏教を信奉しているのはアジアの南方地域——スリランカ、ミャンマー、タイ、カンボジア、ラオス、マレーシアの一部といった国々に住むひとびとである。大

蓮華座（パドマ・アーサナ）の上に座って仏法を説いているブッダ。以下に注目——まげ：ブッダの智慧を象徴している。長くのびた耳朶：托鉢者になる前、王子の生活を享受していた頃のブッダを思い起こさせる。半眼。苦行者の衣。

乗仏教はインドから北東へと伝わり——中国、チベット、ヴェトナム、朝鮮、日本へと広まった。

仏教は軍隊によって征服したり、不信の者に回心を無理強いしたりして広まった訳ではない。事実、数世紀にわたって、大乗仏教は他の諸宗教や諸伝統と無事に共存を果たしてきたのである。こうした姿勢は西洋の一神教との著しい相違であるが、アジアのひとびとの宗教観とはみごとに合致している。アジアでは、ひとつの真理がもうひとつの真理にとって代わったり、それを追い出したりする必要はない。仏教が与えた救済への道は、ひとびとが自らの伝統を捨て去ることなく従うことのできるものだったのである。仏教はしばしば既存の諸宗教から新たな作法や慣習を取り込み、適用してきた。

例えば中国では、仏教は〝三つの偉大な真理〟の中のひとつとなった。他の二つは儒教と道教である。数世紀もの間、中国人はこれら三つの〝真理〟のすべてに従ってきたのであり、そうすることに何の矛盾も見出さなかったのである。

中国の布教師たちによって朝鮮に伝えられた仏教はさらに、朝鮮から日本へと伝えられた。日本人は外国の事物を独特な形で日本の伝統の中に取り込んでいく才能を巧みに発揮して、仏教を自国の文化の中に融け込ませた。今日、日本人の大半は仏教と、古代日本人の神、すなわち自然霊に対する信仰である神道との両方の宗教を実践している。

伝統的に寛容な宗教であったために、今日、仏教には多種多様な実践と慣習が見られる。タイでは、七月に始まる雨季の間、学童たちが各々の地域の仏教寺院に寄贈するための蠟燭を作り、歌と踊りでお祝いをする。スリランカでは毎年、橙色の法衣をまとった仏教僧が象を引いて街路を歩く。象は、スリランカの仏教徒にとって最も聖なる遺物のひとつ——ブッダ自身の一本の歯——を乗せているのである。チベットでは、ラマと呼ばれる宗教指導者が臨終を迎えつつあるひとを囲んで、いくつかの句を唱え、死にゆく者がより高次の生へとたどり着けるよう手助けをする。韓国では毎年四月、店や家を提灯で飾りつけ、色とりどりの行列がブッダの誕生日を祝って街路を行く。日本では多くのひとが日々の暮らしの中で〝南無阿弥陀仏〟という句を称えるだけである。これらのひとびとはみな、ブッダを崇敬しているのである。

ワット・プラケオ仏教寺院の前景。タイのバンコック。

仏教の教えは異なる知的レベルに応じたそれぞれの魅力をもっている。ごく素朴にもなれば、この上なく複雑にもなる。どのようにして糧を得るかといった日常的な事柄に関心をもつひとに対しては、慈悲・正直・自制といった道徳的な教えを与える。その魅力の大きさは、工業国日本の一従業員にとっても、また東南アジアにおける農村共同体の農民たちにとっても変わるところはない。他方、仏教は生涯にわたる瞑想と思索の基礎を与えてもくれるのである。

今日でもサンガのメンバーは教えを説き、最終目標である悟りを追求している。男女は仏教僧もしくは尼僧の法衣をまとって僧院に入る。彼らは生活の大半を、一緒に仏教経典を読誦したり、ひとり仏教の諸々の真理について黙想したりして過ごす。彼らの生活は信者の布施に支えられている。街頭に托鉢に出る者もあれば、僧院で食料や金銭の布施を受ける者もある。

仏教そのものと同じく、僧尼の生活も融通性に富んでいる。子供の時に僧院に入り、そのまま生涯を送る者もあれば、しばらく僧院生活を送ってから日常の世界に戻る者もある。これは咎めだてを受けるようなことではない。なぜなら、彼らは仏道に完全に身を捧げていたその間に功徳を積んだからである。東南アジア諸国では、成功した商人や職工といった在俗の信者が、雨季の数か月間僧院に入り、その後またもとの仕事に戻ってゆくというのはきわめてよく見られる例である。

仏教のさまざまな作法や慣習の中で、すべての仏教徒に共通なもののひとつは、仏教徒が三宝に〝帰依する〟ことである。三宝とはブッダ〈仏〉とダルマ〈法〉とサンガ〈僧〉である。実際、仏教徒の多くは〝仏に帰依し、法に帰依し、僧に帰依する〟という句を唱えることを日々の祈禱としている。仏教徒が帰依と言う時には、苦悩の終り、すなわちニルヴァーナに至る道に従うということを意味している。チベットの諺には「ブッダは偉大な医者であり、ダルマは薬であり、サンガは薬を与えてくれる看護婦である」という簡潔な三宝の説明がある。

仏教の普遍的な魅力

仏教は普遍的な魅力を具えている。仏教は、すべてのひとびとが耐え忍んでいる苦悩を認識し、それを克服する道を与えてくれる。それは誰もが実践できる道である。というのもブッダ自らが

仏教徒はブッダの誕生・成道・般涅槃（入滅）をウェサカないしヴァイシャーカと呼ばれる1年の同じ日に祝う。明りのともされた蠟燭は儀礼の最も重要な要素のひとつである。蠟燭の芯の灯明は智慧を象徴し、溶けてゆく蠟は慈悲と、存在のはかなさとを象徴している。

「私の教えに貴賤や貧富の差別はない。私の教えには空のようにすべての者を受け入れるゆとりがあり、水のようにすべての者を浄らかにする」と述べているからである。

発祥の地こそアジアだが、仏教は生きた信仰として、世界中で信者を魅了し続けている。英国だけでも、一九五〇年代には数ヵ所にすぎなかった仏教センターが、今日では数百ヵ所に及んでいる。さらには仏教はロシアをはじめとする旧ソビエト連邦の国々にも普及しつつある。

ブッダの法は時の試練に耐えたのである。その教えは実践的である。というのも、所定の行為が示され、個々人のつとめが強調されているからである。ブッダは、自分自身は道を示すことができるだけであると言った。ひとりひとりが自ら八正道を実践しなければならないのである。「自己の内を観よ、汝はブッダである」と弟子たちにブッダは語った。

2　ブッダの生涯

後にブッダとして知られることになる王子ゴータマ・シッダールタは紀元前五六三年頃に生れた。誕生の地は現在のネパールに位置するカピラヴァストゥという町である。シッダールタはシャカ族の族長（ラージャすなわち王と呼ばれることもあった）スッドーダナの息子である。シャカムニ（″シャカ族の聖者″）という敬称はこれに由来し、後にシッダールタはこのシャカムニという名で知られることとなる。

シッダールタが実在したことは疑いない。彼の死のおよそ二〇〇年後にはインドの王が、シッダールタの生涯と教説にとってゆかりの深いいくつかの場所に碑文を刻んだ石柱を建てた。これらは信頼できる史料と見なされている。

さらに、本章で再び触れることになるブッダの生涯の詳細部分については、実際に彼と面識のあったひとびとが始めた口頭伝承によっている。これらの話は彼の死後五〇〇年頃まで書き留められることはなかった。それには多くの奇蹟的な要素が含まれているが、仏教徒はそれを歴史的事実と受けとめている。宗教史の研究者たちは、これらはキリストの奇蹟と復活・モーセが神から授かった十戒・預言者ムハンマドに対する天使ガブリエルの啓示と同様のものと見ているようである。

仏教徒の伝承によれば、シッダールタの母である王妃マーヤーは〝完璧な容姿と漆黒の髪をそなえ、心には恐れを抱くことなく、美と徳とに満ちあふれた〟女性であった。ある日、彼女は大いなる心の安らぎと喜びとが訪れるのを感じた。その夜、眠っている間に彼女は不思議な夢を見た。六本の牙をもち、鼻に蓮華をはさんだ象が彼女の右脇に触れたのである。その瞬間、彼女の息子が母胎に宿るという奇蹟が生じた。

王妃がこの夢のことを夫に話すと、夫はバラモンすなわち学者たちを呼び寄せ、その夢を解釈させた。彼らは、その子は世界で最も偉大な王となるか、最も偉大な苦行の聖者になるかのどちらかだろうと予言した。また、シッダールタすなわち〝目的を達成した者〟と名づけられるであろうとも予言した。

王妃マーヤーは出産にそなえ、踊り子の女性たちや護衛の者たちを引き連れて生れ故郷へと向かった。ルンビニーの遊園で馬車から降りると、王妃はひと休みするために歩をとめ、サーラ樹の枝を一本手に取った。

伝説によれば、その瞬間にブッダが王妃の右脇から生れたという。幼児は誰の助けもかりず、東西南北それぞれの方向に七歩ずつ歩んだ。その足跡の残った大地からは蓮の花が芽をふいた。この奇蹟に満ちあふれた幼児はこう宣言したのである。「もはや堪え忍ばねばならない生を再び享ける

ジャワにある遺跡ボロブドゥール寺院の側面
の景色。座って瞑想に耽る菩薩の石像に注目。

ことはない。これが私の最後の身体だからである。今や私は、生と死とによって惹き起こされる悲しみを滅ぼし、根こそぎにしてしまうであろう。」

この不思議な誕生の七日後に王妃マーヤーは亡くなった。そこで、マーヤーの妹マハープラジャパティーがシッダールタの養育にあたることになった。

大いなる出家

学者たちの予言はシッダールタの父、スッドーダナ王を悩ませた。生れた時からスッドーダナは息子に王位継承の道を歩むよう言い聞かせてきた。スッドーダナは息子に歓楽に満ちた暮らしをさせ、望みはすべてかなえてやった。シッダールタはいかなる種類の苦悩も困難も見ず知らずに育った。宮殿を出る際には、王の護衛の者たちが馬車の前へ行き、路上に不快感や不安感を催させるようなものがあるとそれらを取り除いた。

ひとりのバラモン僧がシッダールタの教育にあたり、将来立派に治世を行ってゆくための準備としてさまざまな帝王学を教えた。シッダールタはまた、剣術や弓術といった武術も学んだ。若者の肉体は丈夫で健やかであり、その肉体の美しさと朗らかな心は多くの友人を惹きつけた。だが、彼の遊び相手はすべて宮殿に仕える者たちの子女であった。

二〇歳の頃、シッダールタは、王の側近の娘ヤソーダラーと結婚した。彼らの婚礼の祝いは幾日も続き、式典の記念に贈物は王国の国民に分かち与えられた。ヤソーダラーは一年も経たないうちにシッダールタの息子を産んだが、その子はラーフラと名づけられた。ラーフラとは〝束縛〟とか〝障碍〟といった意味である。

スッドーダナ王は満足だった。というのも、息子が幸福な人生を送り、偉大な王として成功を収めるために必要なものはすべて与えることができたからである。シッダールタは妻子とともに宮殿に住み、王としてありとあらゆる快楽を満喫する生活が何年か続いた。

そして二九歳の時のことである。シッダールタは御者のチャンナに、王には内緒で馬車を出すよう命じた。馬車で町へ出ると、それまでに一度も見たことのないものが三つ王子の目に入った。それは老人と、苦しむ病人と、嘆き悲しむひとびとに取り囲まれた死人であった。

シッダールタはチャンナに、初めて目にするこれらの光景の意味を説明してくれと言った。チャンナは、老いと病と死とはすべてのひとを襲う、どうしても避けられないものであり、堪え忍ぶしかないものだと答えた。

衝撃を受けたシッダールタは宮殿に戻ると、見てきたものについて思いをめぐらせた。彼は初めて人生の真実に直面したのである。「すべてのものははかない。この世で永続的なものは何ひとつない……そのことに気がつけば、もはや何事にも楽しみを見出すことはできない。死がどうしても避けられないものであることを知った者が、この大いなる危機のさなかにあって、どうして貪欲な心のままでいられたり、感覚の世界を楽しんで、嘆き悲しむことなくいられようか?」

シッダールタはチャンナにもう一度町へ連れて行くよう命じた。そこで彼が目にしたのは〝四つの光景〟の最後のものであり、それが彼の人生を変えることとなったのである。それは、何ひとつもたずに遊行する苦行の聖者であった。その男は髪を剃り、黄色のぼろぼろの衣だけを身にまとい、杖を持ち歩いていた。シッダールタは馬車を停め、その男に尋ねた。苦行者は王子に言った。「私は……生と死とが恐ろしい。だから救いを得るために家庭をもたない生活をしているのだ。……私が求めているものは、苦しみも老いも死もない至福の境地である。」

まさにその夜、シッダールタは宮殿での歓楽に満ちた暮らしに別れをつげる決心をした。彼は眠っている妻と幼い息子とに黙ってキスをすると、チャンナに馬車で町へ連れ出すよう命じた。伝説によれば、天人が馬のひづめをもち上げて、その音で護衛が目を覚まさないようにしたという。シッダールタは森のはずれで、宝石のちりばめられた剣をはずし、髪と髭とを剃り落し、王子の衣服を脱ぎ捨てた。そして、黄色い聖者の衣をまとい、所持品は父親に返すようチャンナに言いつけたのであった。

大いなる遁世

シッダールタは古代インドの瞑想法を教えてくれる聖者を尋ね求めて、インドの北東部を遊行した。しかし、彼の主たる目的は苦悩の問題の答を見出すことであった。彼はどうしてひとびとは苦悩するのか、また、どうすればこの苦悩がやむのかを知りたかった。

シッダールタは、古代インドの宗教であるヒンドゥー教の教えを学んだ。彼はサンサーラ〈輪廻〉の思想に最も影響を受けた。輪廻とは、ひとは死後も、その最奥部の本質である霊魂が新たな身体の中へと入り込んで再生するという信仰である。この過程は別名、転生ともいわれる。

霊魂が再生する際、新たな身体の中へと入り込むが、その身体の状態は、それ以前の身体より高い場合もあれば低い場合もある。新たな身体は王かも知れないし、乞食かも知れない。動物や昆虫の場合だってある。霊魂の新しい状態を決定する要素は個々の霊魂が前世において営んだその生の質である。これはカルマ〈業〉の法則と呼ばれる。業は簡単にいえば、個々人が前世で考えたこと・言ったこと・行ったことからなる。この業が善きものであれば、霊魂はより程度の高い形態で再生するし、反対に業が悪い場合には、より程度の低い形態で再生するという罰を受ける（業の報いを受ける）のである。したがって、人間の苦悩は、当人が前世で積んだ何がしかの悪業の結果なのである。

カルマの法則はまた、社会との関連をもってもいた。インドの社会は四種のカーストすなわち階級に厳格に区分されていた。いちばん上はバラモンすなわち僧侶や宗教指導者である。二番目のカーストは武士・王族であり、シッダールタはこのカーストに生れたことになる。三、四番目のカーストは商人、労働者（肉体労働者・職工・農民など）であった。最底辺には、文字どおり四階級の外（アウト・カースト）に位置するひとびとがおり、彼らはその身分ゆえに賤しい者とされた。

一度の人生において上位のカーストに昇ることは不可能であった。法と伝統とによって、各カーストの構成員は他のカーストの者と厳格に区別されていた。異なるカーストの者とは結婚することも、食事を共にすることも、身体を触れ合うこともなかった。カーストの法を犯した者は浄めの儀式を受けねばならなかった。上位のカーストに昇る唯一の方法は、善業を積んで、より上位のカーストへと再生を果すことであった。

生と死と再生の過程である輪廻は果てしなく繰り返され、生の連鎖をなすと信じるヒンドゥー教

王妃マーヤー（ブッダの母親）の夢。

徒もいた。それは生から生へと未来永劫続くというのである。しかし、シッダールタの頃には、新たな教説——後にウパニシャッドと呼ばれる文献に書き留められる——が展開されつつあった。ウパニシャッドの教師たちはモークシャ〈解脱〉の思想を説いた。高度に精神的な生活を一度（もしくは輪廻の生において幾度か）営むことによって、霊魂は窮極の実在であるブラフマンと合一でき、輪廻の循環から解き放たれるというのである。

シッダールタは、この思想に惹かれて極端な苦行生活に入り、休むことなく瞑想に耽った。彼は何としても解脱に至る精神状態に達しようと、ネーランジャラー河岸に居を定めた。六年の間、雨の日も風の日も、暑い日も寒い日も、彼はそこに留まり、飲食物は辛うじて命をつなぐことができる程度のものしか口にしなかった。彼の肉体はやせ衰え、かつての体力は消え失せた。その姿の浄らかなるさまは明らかであったために、彼を手本に学ぼうと、他の聖者も五人加わった。

成道

仏教徒の伝承によれば、ある日ブッダは、苦行の年月はただ自分の肉体を弱めるだけであることに気づいた。このように体力が消耗しきった状態では正しく瞑想することはできない。彼は立ち上がり、沐浴のため川に入った。しかし、あまりに衰弱していたために川から出ることができなかった。仏典によれば、川岸の樹々が枝を垂らして、彼がつかまれるようにしたという。

その時、ナンダバラー〈難陀波羅〉という名の搾乳婦が彼の目に入った。彼女がシッダールタに一杯の乳粥を捧げると、彼は有難くそれを受けた。彼の弟子であった五人の聖者はこれを見て、彼が真の聖者となること、すなわち解脱の達成を諦めたものと思い、彼の下を立ち去った。

食事をとって元気を取り戻したシッダールタは大樹（仏教徒には菩提樹すなわち悟りの樹として知られている）の下に座り、長年求めてきた答を見出すまでは立ち上がるまいと心に決めた。

仏典によれば、ひとを欲望でそそのかすマーラ（悪魔）は、シッダールタの目標達成が近いものと見てとった。悪魔はシッダールタを誘惑するために三人の息子と三人の娘を遣わした。彼らは、

悟りを求めて断食しているシッダールタ。

彼の心をかき乱すために、ありとあらゆる種類の快楽をさしむけて、渇望や色欲やそれらが満たされないことへの不満で彼を苦しめようとした。

しかし、シッダールタは彼らの思いどおりにはならなかった。彼は深い瞑想状態の中で、自らの前世のすべてを思い起こしていた。彼は、生と死の循環についての智慧を得、自らをその世界に縛りつける〝我〟に対する無知と執着とを確かに捨て去った。ついに彼は悟りを開いたのである。

この体験こそ、宗教としての仏教の歴史の始まりであった。シッダールタはブッダすなわち〝悟りを開いた者〟となった。彼自身の欲望や苦悩はなくなり、ブッダとしてニルヴァーナを体験したのである。ブッダの言葉によれば「地でも水でも火でも風でもなく……この世でもあの世でもなく……太陽でも月でもないところ。それは来ることも去ることも留まることもなく、滅びることも生ずることもない。ただ苦しみの止滅があるのみである。」

伝承にいわれるように、この時ブッダは、その身体と生存から離脱することもできたのであるが、そうはせず、大いなる献身的行為に出た。自らの苦悩を止滅させる方法を見出した後、他のひとびとにもその悟りを分ち与えるために戻ってきたのである。それは、いっさいの有情が再生と苦悩の循環を終わらせることができるようにとの思いからであった。こうして彼は他のひとびとに慈悲と、智慧すなわち自己認識との模範を示し、弟子たちの手本となった。

初転法輪

ブッダがサールナートの町に赴くと、そこにはかつて彼の下を立ち去った五人の苦行者がいた。彼らは鹿の園〈鹿野園〉に座していた。ブッダがやって来るのを見た彼らは、もはやかつて用いていた敬称で挨拶はしまいと心に決めた。しかし、ブッダが彼らの前に現れた時、彼らはその身体と頭部とに、ブッダが以前よりも高い次元の聖者となったしるしを見た。

ブッダは彼らに自らの見出したところを説き始めた。彼は手に一杯の米粒をとり、地面に車輪を描いた。これはひとつの生から次の生へと続いてゆく生の車輪〈輪廻〉を表している（車輪の象徴はブッダの教説を表現する上でよく用いられる）。この説法は彼の鹿野園の説法ないし〝初転法輪〟と呼ばれた。

ゴータマ・シッダールタは自らがブッダとなったことを明かした。彼は、初めに経験した歓楽の生活について語り、続いて、彼の実践した厳しい苦行生活について語った。そして、いずれもニルヴァーナへの真の道ではないと言い、それに代わる中道を、すなわち両極端を避けることを説いた。ブッダは言った。「生活の必要を満たすことは悪ではない。身体を健康に保つことはつとめである。そうしなければ、智慧のランプの芯の手入れをしたり、精神を強靱かつ鮮明に保つことができないであろう。」

ブッダは四つの聖なる真理〈四諦〉と八重の道〈八正道〉を説いた。これらは彼の教説の中心をなすものである。四諦とは苦悩の原因についてのブッダの分析である。八正道はその解決法である。これらは共にダルマ、すなわち仏教の教義をなすものであった。

四諦とは、

1　苦悩とは、病・老・死・愛する者との離別・手に入らぬものへの渇望・避けることができないものへの憎悪である。〈苦〉
2　あらゆる苦悩は欲望と、欲望を満たそうとすることによって惹き起こされる。〈集〉
3　したがって、苦悩は欲望を止滅させることによって克服される。〈滅〉
4　欲望を止滅させる方法は八正道に従うことである。〈道〉

というものである。

八正道とは欲望の止滅に至る八段階の道筋である。初めの方は日常生活の中で達成可能だが、後の方はさらなる努力や集中が求められる。

多くのブッダの教説と同じく、これらは最初は素朴に見えるが、詳しく検討してみると、複雑で微妙な意味をもっていることがわかる。

八正道とは、

1 正しい見解〈正見〉
2 正しい志〈正思〉
3 正しい言葉〈正語〉
4 正しい行為〈正業〉
5 正しい生活〈正命〉
6 正しい努力〈正精進〉

インド、ボードガヤーの大菩薩寺。現在、樹木が立っている場所で、最初の菩提樹（その下でブッダが悟りを開いた）が生育したと信じられている。

7　正しい憶念〈正念〉
8　正しい精神集中〈正定〉

である。

第一の正見は四諦の理解に関するものである。そして、正思によって、人生の道を正しく歩もうと決心する。正語とは、嘘をついたり、他のひとを中傷したり、不快な言葉づかいをしたり、陰口をたたいたりしないことである。正業とは、殺生・盗み・残忍な行為や婬らな行為などを行わないことを意味する。正命に従うには、いかなる有情をも害することのないように暮らしてゆかねばならない。正精進を実践するには、邪悪な思念のすべてに打ち克ち、善き思念だけを得、それを保つべく努めねばならない。正念は仏教において特別の意味をもっている。正念の最中、自分の身体・感情・精神のありとあらゆる状態が鮮明に意識されるようになる。これは正定という最終段階に通じている。正定とは深い瞑想であり、それによって高次の意識状態へと導かれる。正しい精神集中を行えば、シッダールタが得た悟りへと到達することができるのである。

五人の苦行者は、ブッダが正しい道を見出したことを直ちに理解し、彼の最初の弟子となった。彼はその後四十五年間、インド北東部を遊行して法を説き、法の習得を望むひとびとの問いに答えた。

彼の教説の中には、輪廻や業の思想といった当時のヒンドゥー教の要素が数多く含まれていた。

19世紀初頭のチベットの絵画。生の車輪〈輪廻〉を描いて、苦悩の諸因や終りなき再生の諸段階を示している。

健康は最大の財産である。満足は最高の宝である。信頼は最上の友である。ニルヴァーナは至上の喜びである。

『ダンマパダ』より（15：204）

しかしながら、仏教の法はいくつかの重要な点でヒンドゥー教と異なっていた。

ブッダはヒンドゥー社会における最高カーストであるバラモンの権威を疑問視したのである。彼は、バラモン僧のみが行うことのできた動物の供犠に反対した。ヒンドゥー教徒はさまざまな神々に対して大量の動物供犠を行ってきた。反対に、ブッダは弟子たちにいっさいの殺生を禁じた。さらにブッダは、宗教的真理の解釈者というバラモンの特権的地位も認めなかった。代わりに、八正道に従う者は誰であれ、カーストには関わりなくニルヴァーナを達成できることを強調した。

ブッダはまた、ヒンドゥー教のアートマンすなわち霊魂の観念を疑問視した。これは何度も何度も生れ変わってゆく個々人の意識のことである。彼は永続する個々の霊魂とか永遠の自我といったものの存在を否定した。代わりにブッダは個々のひとを荷車になぞらえた。荷車は、車輪・車体・軛といったさまざまな要素からできている。そのひとつひとつは荷車ではない。すべてが集まって初めて荷車になる。同様に、個々のひとはスカンダと呼ばれる、絶えず変化しつつある五つの要素〈五蘊〉からなっているとブッダは説いた。五蘊とは、物質的形態〈色〉・感覚〈受〉・表象〈想〉・情動〈行〉・意識〈識〉である。再生を繰り返すのは、業の影響を受けて変化してやまないこれらの五蘊であるから、再生する五蘊は死滅した五蘊と全く同一という訳ではない。

ブッダは、八正道の実践によって、我という誤った観念を捨て去り、ニルヴァーナを達成することができると明言した。ニルヴァーナに達すると〝荷車〟は解体してしまう。その後は、たとえ生命は存続しても、もはや悪業を積むことはなくなるのである。

ブラフマン――ヒンドゥー教の観念であり、至上者になぞらえることができよう――自体については、ブッダはそのような普遍的な本質が存在するかどうかについて判断を中止した。かつて、ヒンドゥー教の学者がブッダに対し、ブラフマンの存在について議論をしかけた時、ブッダは、その学者は燃えている家の中に居るひとと同じだと答えた。その学者は、まず第一にその家から脱出することを考えるべき時に、火をつけたのが誰だとか、火がどのように燃え始めたのかといったことを知りたがっているというのである。ヒンドゥー教の目標である解脱――すなわち霊魂〈我〉とブラフマン〈梵〉との合一――は仏教において、ニルヴァーナの達成という目標にとって代わられたのである。

ブッダの教えは平易であり、実践を重んじ、カースト制度に反対したため、直ちに多くの弟子を獲得した。他の宗教指導者と同じく、ブッダは教えを説くにあたり、物語や譬話を多用した。芥子の種の譬話では、ブッダは苦悩に立ち向い、それを受けとめる教訓を説いている。

ある時、死んだ息子を抱えて取り乱した様子の女がブッダのところへやって来た。彼女は彼に息子を生き返らせてくれと頼んだ。ブッダはその女に小さい芥子の種を一粒持ってくるように言った。が、彼はひとつ条件をつけた。その種は、それまで一度も死者を出したことのない家から持ってこなければならないというのである。女はいくら探してもそのような家を見つけることはできなかった。その代わりに、彼女自身と同じく死者を嘆き悲しむひとびとが目に映った。種を探し求めているうちに、他のひとびとの苦痛に対する憐みの情が募ってゆき、彼女自身の苦痛は薄れていった。ブッダは彼女に、死がありふれた、どこにでもあるものだということをわからせたかったのである。人間の置かれた状態に〝あるがまま〈如実〉に〟立ち向うことによって初めて、彼女は自ら八正道の旅を始めることができたのである。

鹿野園で説法を聞いた五人の弟子をはじめとして、幾人かの弟子はブッダの教えに全面的な信頼をよせたため、彼の行くところはどこへでもついて行った。彼は彼らに行動の規準を作り与え、ここにサンガが形成されて、僧侶（後には尼僧も）の共同体ができあがった。サンガのメンバーはビク〈比丘〉として知られる。サンガは二つの機能を果した。ひとつは、僧侶たちがダルマを守り伝える責務を担っていたこと。もうひとつは、サンガによって、比丘たちがニルヴァーナの目標達成

仏教僧が小さく見えるのは、アーナンダ——ブッダの従弟であり、十大弟子のひとりであった——の25フィート（約7,6メートル）の彫像のためである。この彫像は“横たわるブッダ〈般涅槃像〉”の隣にある。（166頁図版参照）

に集中できるようになったことである。瞑想に時間を費やせる者のみが八正道の最後の二段階を成し遂げることができたのである。

ブッダがサンガに女性の参加を認めた際に、ヒンドゥー教の伝統がまたひとつ破られることとなった。最初の尼僧はブッダを養育した叔母であった。

これら仏教の僧尼たちは、遊行しつつ教えを広めたブッダを手本にした。彼らに所持が許されたのは、托鉢用の器と、剃刀、針、漉し器、杖、楊子、法衣だけであった（漉し器は、飲み物の中に落ちた虫を取り除いて、それを飲み込んだり、殺したりしてしまわないためのものであった）。

インドの長く暑い雨季の間、サンガのメンバーはヴィハーラ〈精舎〉という宿泊所に定住した。これらは今日、アジアのあちらこちらで見かける大僧院の最初の姿である。

ブッダは、サンガの一員となるためにすべてのひとが日常生活を捨て去るには及ばないことを認めた。彼は在俗の信者——彼の教えは信奉するが、サンガの厳格な規律には従わない信者（ウパーサカ〈優婆塞〉）——をも受け容れた。ひとびとは日常生活において、善き行いをし、善業を積むことによって、功徳をなすことができたのである。これらのひとびとは、未来生においてニルヴァーナを求めることができるであろう。ブッダは在俗の信者にもできうる限り完璧な生活を送るようにと説いた。日々の行動の指針として、ブッダは五つの戒すなわち規律を定めた。

1　生きものを殺さないこと。〈不殺生〉

2　与えられていないものを取らないこと。〈不偸盗〉
3　邪な性行為を行わないこと。〈不邪婬〉
4　偽りを言わないこと。〈不妄語〉
5　酒を飲んで酩酊状態に陥らないこと。〈不飲酒〉

般涅槃

ブッダは遊行の途中、生誕の地カピラヴァストゥに帰った。父スッドーダナは息子が乞食する姿を見て無念でならなかった。王は言った。「わが家の誰ひとりとして、いまだかつて乞食を生計の手段とした者はいない。」しかし、ブッダは父の足もとにキスをして言った。「あなたは高貴な王の家柄に属する方です。しかし、私はブッダたちと同系の者であり、また乞食によって生きてきた幾千のひとびとに属する者なのです。」

スッドーダナはシッダールタの受胎の際の予言を思い出し、息子と和解した。ブッダの妻ヤソーダラーと息子のラーフラも、ブッダの従弟アーナンダ〈阿難〉――後年ブッダの最も忠実な常随の弟子となった――同様、サンガに加わった。

ブッダが八〇歳の頃、チュンダという名の鍛冶工が捧げた食事がもとで病気になった。ブッダは気力を振りしぼってクシナガラ村まで歩いていったが、ついにそこで身体を休めるためにサーラ樹の木立ちの中に身を横たえた。弟子たちが彼のまわりを取り囲むと、彼は右脇を下にして横になった。花の咲く時季ではなかったが、樹々は花芽をふき、彼の上にふり注いだ。この場面は仏教の芸術家たちにしばしば影響を与えてきた。

ブッダはアーナンダに言った。「私は年老い、私の旅は終りに近づいた。私の身体はかろうじて皮ひもでひとつにまとめられているぼろぼろの荷車のようなものである。」彼は周囲に集まったひとびとに対し、自らの教えについてそれ以上質問がないかと三度尋ねた。誰もが黙ったままでいた。ブッダは最後の言葉を語った。「作られたものはすべて衰え、死滅を免れない。すべてのものは移ろいゆく。自らの救済を成し遂げるべく努め励めよ。」

幾度か瞑想状態に入った後、ブッダは亡くなった——すなわち、仏教徒の言うように、彼はパリニルヴァーナ〈般涅槃〉、〝感覚・知覚の停止〟に達したのである。

その長い生涯の間、ブッダは、布教活動を開始したサールナートの町から二五〇マイル以上離れたところへ出かけることはなかった。しかしながら、彼の始めた宗教運動は世界中に広まることとなり、その死後二五〇〇年を経た今も生命力をもち続けているのである。

3 仏教の伝播

ブッダは弟子たちに説き勧めた。「多くの者の利益のため、安楽のため、世のひとを慈しむため、歩み行け。すぐれた教えを説いて、浄らかなる生を開示せよ。」彼が亡くなるまでには、五〇〇を超える数の僧侶が、彼が説法を行った地域に建ついくつかの僧院に住んでいた。今日、この地域はビハールというインドのひとつの州となっているが、ビハールという名の意味は〝仏教徒の僧院〟である。仏教はここからインド北部を経て西方へと広まり始めた。

ブッダの死の二〇〇年ほど後に、政治上の進展からダルマ〈法〉の伝播に拍車がかかった。チャンドラグプタ・マウリヤは北部インドの大半を征服し、強大な中央集権型の帝国を築き上げた。チャンドラグプタの孫アショーカが紀元前二七〇年頃に王位に就いた時、仏教がインドの国境を越えて広まってゆく態勢がととのえられることとなった。アショーカ王の回心の物語は仏教の発展の歴史の中心をなすものである。

アショーカ

アショーカは野心家であった。征服によって、現インドの北部国境に位置する多くの国々の領土のみならず、中央インドをも奪い取って、マウリヤ帝国を拡張していった。彼は中央インド東部の現オリッサ地方に住んでいたカリンガ国の民を徹底的に征伐した。戦いは殺伐たるもので、十万人以上ものカリンガ国民が虐殺された。

この大量虐殺を機に、アショーカはその性格を一変させた。彼は仏教の信奉者となり、石柱を建てて自らの行いに対する懺悔を表明した。「カリンガ国の征服後、神々の寵児〈天愛〉(アショーカ)は正義(ダルマ)に従い、正義を愛し、正義の教えを説き始めた。今や、神々の寵児はカリンガ国の征服を後悔している。なぜなら、ひとつの独立国が征服されれば、国民は殺害されたり、死亡したり、国外へ退去させられることになるからである。神々の寵児は大いに心を痛め、悲しんでいる。」

アショーカの回心はうわべだけの空虚なものではなく、その後は人民の利益となるような諸政策を実施した。帝国中の道路沿いには、旅人のための小屋を建てさせ、また、バンヤン樹を植えさせて、足を痛めた者や疲れた者がその木陰で休めるようにした。アショーカは動物の殺生を禁じ、自ら菜食主義者となった。また、罪人に対する残忍な刑罰の多くを廃止した。動物と人間との両方のための病院も設けられた。彼の政府は仏教僧院の財政援助を引き受けた。アショーカはその行動に

伝統的な法衣をまとった４人の中国人僧侶が儀礼を行っている1890年の写真。笛・灯明・鈴・花といった儀礼用具に取り囲まれている。

よって仏教徒の統治者の模範となった。後代、アジア中の仏教徒の王が彼の例に倣おうとした。自らの統治の永遠の記念に、彼は帝国のいたるところに石柱を建てた。国民の言語であるパーリ語で刻まれた石碑には、彼の業績と理想とが記された。これらの理想の中には、他のあらゆる宗教に対する寛容も含まれていた。

現在もデリーに建っている石柱は、アショーカが自らの哲学を石に刻むよう命じたものである。「宗教の中にこそ最もすぐれたものがある。宗教とは、善行・慈悲・親愛・清浄・純潔であり、貧しい者や苦しむ者に慈しみを施し、動物や鳥やすべての生き物に優しくすることである。この勅命は、すべての者の心に留められ、この先、幾世代にもわたって守り続けられねばならない。勅命を守る者は永遠の幸福を得るであろう。」これはまさしく、仏教倫理の気高い宣言である。

ブッダの智慧を世界に広めるために、アショーカはあらゆる地に布教師を派遣した。この歴史的な出来事によって、仏教はその祖国を越えて広まり始めた。アショーカの布教師の中には、はるか西方のシリア、エジプトやギリシア世界にまで達する者もあれば、南や北へ行く者もあった。アショーカによって、仏教はアジアのいたるところにその信奉者をもつ宗教になりつつあった。

仏教は主に二つのルートを通って広まった。アジア大陸を横断する北方ルートと、陸上・海上を横断して東南アジアへと至る南方ルートである。その伝播はつねに平和裡に行われた。決して、兵力や、熱狂的な信者による信仰の強要によって広まった訳ではなかった。ブッダの教えが回心者を惹きつけるような魅力を具えていたのである。

スリランカ

伝承によれば、アショーカの息子マヒンダは比丘すなわち僧侶であった。父親は彼にセイロンへの布教を託した。今日スリランカと呼ばれているセイロンは、インド南端の海上に位置する美しい島国である。マヒンダが到着すると、国王ティッサは首都アヌラーダプラで彼を丁重に迎えた。王は仏教の教えに感銘を受け、紀元前二四七年に回心した。熱狂的な聴衆がマヒンダの説法を聴きに集まってきた。占い師たちは「これらの比丘はこの国の治者となるであろう」と予言した。

国王ティッサは他にも仏教の布教者たちを呼び寄せて、ヴィハーラ（僧院〈精舎〉）のための遊園を寄進した。この僧院マハヴィハーラはこの島の仏教の中心施設となった。国王ティッサは、人民の寄せる帰依は、仏教がこの国に深くその根をおろしたことを意味するのかどうか、マヒンダに熱心に問うた。マヒンダは答えた。「まだです、陛下。確かに根はおろしましたが、まだ地中深く生育するに至っておりません。シーマー（権威をもって新たな僧侶の授戒を行う僧院）ができ、スリランカの両親からスリランカで生れた子息がスリランカで僧侶になった時に初めて、間違いなくダルマ〈法〉の根がこの地に深く根づいたと言えましょう。」しばらくして、この条件は満たされたのであった。

マヒンダの妹サンガミッターも尼僧となり、兄の後を追ってスリランカに渡った。仏教徒の伝承によれば、彼女はインドを発つ前に、ゴータマ・シッダールタがその下で悟りを開いた聖なる菩提樹の枝を一本手に採ったという。この枝はアヌラーダプラにある僧院に植えられた。今日この地にある大樹はこれと同一のものだといわれている。後にこの木の苗が島中に植えられて、仏教の発祥地と自然を介した結びつきを与えることとなった。その後もスリランカは、他にも貴重なブッダの遺物を受け取ってきた。ブッダの托鉢の器、歯、鎖骨である。仏教の伝来によって、書物や建築や彫刻もこの島にもたらされた。

伝来の当初より、仏教はスリランカの国の宗教と融合していた。スリランカの王侯貴族は仏教を信奉し、仏教文化のパトロンとなった。仏教が支配者階級と密接に結びついていたために、仏教は世界の他のどの国よりも永くこの地に存続することになった。仏教は実質的にはインドでは滅びてしまったために、スリランカのサンガは、僧院において仏教の戒律の初期形態を保存していることに誇りをもっている。

東南アジア

東南アジアとして知られる地域はミャンマー（ビルマ）からインドネシアに広がっている。歴史的にはインドの影響を多分に受けており、しばしば〝グレイター・インディア〟と呼ばれるほどである。インドの商人や僧侶は宗教のみならず、書物や芸術、統治法といった彼らの文明をもたらした。仏教とヒンドゥー教はそれに先立つアニミズム信仰、すなわち万物に霊が宿るという信仰とともに、同一の地域で共存していることが多かった。

仏教がミャンマー（ビルマ）として知られる国へ伝わったのはビルマ人がやって来る前のことであった。アショーカの布教師がやって来た時、その土地にはモーン族が住んでいた。九世紀にビルマ族が、北方に広がる山脈地帯からこの地に移住するまで、モーン族はヒンドゥー教と仏教の両方の宗教を実践していた。

ビルマ人は徐々に自分たちの王国を築いていった。偉大なビルマ王アノーラタ（在位一〇四四―七七年）は、近隣のタトンにあるモーン族の王国からやって来た僧侶によって、一〇五六年に仏教に回心した。アノーラタは経典を求めてタトンに勅使を派遣したが、拒まれた。仏教徒にはきわめてふさわしくない仕方で、アノーラタはタトンを攻め、国王と蔵書とを自国の首都パガンに持ち帰った。アノーラタの回心はビルマの仏教の転換点となり、今日まで影響を及ぼしている宗教伝統の端緒となった。ビルマ人のあいだには「ビルマ人であることは仏教徒であることだ」という諺がある。

一一世紀にタイ人が中国南部から今日のタイへ移住してきた。その当時、この地はクメール王の権威の支配下にあった。タイの統治者であるラーマ・カムヘン（一二七五―一三一七年頃）がこの国をクメールの権力から解放した。カムヘンは熱心な仏教徒となり、仏教を国教とした。カムヘンの孫は、当時、学識でその名を知られた僧侶たちをスリランカからタイに呼び寄せて、タイのサンガをより純粋なものにした。以後、タイはゆるぎない仏教国であり続け、その国王は自らの権力を仏教と結びつけてきた。

カンボジアのクメール人もまたインド文明の影響を受けた。六世紀初頭からクメールの王は首都アンコールを中心に広大な地域を支配してきた。彼らは財産の大半を豪奢な記念碑や建造物につぎ込んだが、その最も有名なものはアンコール・ワットと呼ばれる寺院である。この寺院はヒンドゥー教徒と仏教徒の両方に用いられたものと思われる。ジャヤヴァルマン・パラメシュヴァラが一三二七年に王位に就くまでは、ヒンドゥー教の方が優勢を保っていた。彼は仏教を保護し、以後、カンボジア人は彼を模範とした。

ジャヤヴァルマンは娘をファーグムという名の王に嫁がせたが、当時ファーグムはいくつかの小国を自国ラオスに併合させていた。ジャヤヴァルマンはファーグムに、仏教を保護し、仏法に従って王国を治めるよう説き勧めた。彼は義理の息子にスリランカから伝来した仏像を贈った。仏像はルアン・プラバンと呼ばれ、ファーグムの王都に建てられたが、この王都の名（ルアン・プラバン）はこれを記念して改名されたものである。仏教はその後もラオスの支配的宗教であり続けた。

海上の大帝国がいくつも建設された島々は、今日インドネシアというひとつの国家にまとまっている。この地でもヒンドゥー教と仏教とが共存してきたが、八世紀、ジャワ島を支配していたシャイレーンドラ王家によって仏教が取り入れられた。シャイレーンドラ家の援助で、巨大な仏教寺院や僧院の伽藍建築が建てられた。今日も残るそれらの建造物の中で、世界最大の仏教遺跡がボロブドゥールである。一三世紀末、イスラームがこの島に伝わった。やがて、イスラームが支配的宗教となっていったが、少数ながら仏教徒も残ってはいる。

シルクロードを通って

インド中央部の北西には、時にガンダーラないしバクトリアと呼ばれていた地域がある。今日の西北インド、パキスタン北部、アフガニスタン、イラン東部、中央アジアの一部にあたる地域である。古代、これらの地域は東洋と西洋とを結ぶ交通の要衝になっていた。ここで、インド文化とペルシア文化、ギリシア・ローマの西洋文化とがすべて混ざり合った。アレクサンダー大王は、紀元前三二六年、この地域に攻め入り、征服した。アレクサンダーが去った後、その将軍の幾人かが統治者としてその地に残った。この地域の中には、シルクロードの西側部分が含まれていた。シルクロードとは、恐ろしい砂漠や山脈を通る古代の道であり、中国と西洋とをつなぐ陸路になっていた。この道の名は、中国の商人が、ラクダの隊商をなし、この道を通って、貴重な中国絹を運んだことに由来する。が、物資の交易だけでなく、思想の交流もこの道を通って行われた。シルクロードは仏教北伝の主要路となったのである。

アショーカの死後、マウリヤ帝国は衰退した。その混乱のさなかに、オクサス河とヒンドゥクシュ山脈の間にバクトリア王国が誕生した。バクトリアを統治したのは、アレクサンダー大王の兵士の子孫にあたるギリシア人たちであった。

仏教の象徴物やジャータカ物語が精巧に彫り込まれた高さ18フィート（約5,5メートル）の門。世界最大のギーム型仏塔への入口となっている。インドのサーンチーにあり，仏塔はもと，アショーカ王が建てたものと信じられている。

バクトリアを紀元前一五五年頃統治していたメナンドロス王は精神を病んでいるのではないかという思いに悩まされていた。治療法を探し求めもしたが無駄だった。ナーガセーナという名の仏教僧が王国に到着し、治療法を授けた。ナーガセーナはメナンドロスに仏法を説き、回心させた。『メナンドロスとの対話』〈『ミリンダ王の問い』〉と呼ばれるナーガセーナの論議は仏教聖典のひとつとなっている。

メナンドロスは熱心な仏教の保護者となった。後に発行された彼の貨幣には、仏教徒にとってダルマの象徴である車輪の図柄が描かれている。彼は年老いてからは、王国を息子に引き継がせて、サンガのメンバーに加わったという。

侵略者たちがバクトリア帝国を襲い、領土の支配者は幾度となく変わった。西暦一世紀の中頃、フン族に関係のある勇猛な戦士たちがクシャーン帝国を樹立した。クシャーン人たちはメナンドロスよりもはるかに広大な領土を支配した。西暦一、二世紀の統治者カニシュカ王は勇猛な戦士であり、首都プルシャプラ（現在のペシャワール）から、東のカシュガール、ヤルカンド、コータンへと支配を拡大した。これらはすべてシルクロードのオアシス地帯である。しかしながら、アショーカ王と全く同様に、この国王も信仰上の危機を経験し、仏教に回心した。

カニシュカ王は仏教の大いなる保護者となった。彼は銅版に仏教経典を彫り込ませ、首都に展示した（今日残るのはその漢訳だけである）。彼の治世下に建造された僧院（今日のアフガニスタンにあるバーミヤンのような）からは僧侶たちが中央アジア地域に扇のように広がり出て行った。彼らは国王を回心させ、仏典をその土地の言葉に翻訳し、文字の書き方を伝えた。中央アジアのオアシス地帯は仏教の中心地となり、芸術が花開いた。しかしながら八世紀にはイスラーム教徒の戦士たちが中央アジアを征服した。やがて、仏教はイスラームに取って代わられた。が、その頃までには、仏教の比丘たちはすでにシルクロードのはるか東にまで達しており、仏教を中国や他の国々に伝えていたのであった。

中国

中国の伝説によれば、西暦一世紀、後漢の明帝は夢を見た。太陽のように光り輝く巨大な人物が帝の前に現れたのである。翌日、彼はこの光景の源を探し出すため、西方へ使者たちを派遣した。彼らはシルクロードを歩き回った果てに、白馬を連れ、仏画と仏典とを携えた二人の比丘に出会った。比丘らは使者とともに中国の都、洛陽に帰ることに同意した。そこで帝は夢の人物がブッダであることがわかった。彼は僧侶らに仏典の漢訳を依頼し、彼らは後に白馬寺として知られるようになる建物の中でその作業にとりかかった（今日でも白馬寺はその地に残っている）。

漢代（前二〇二―後二二〇）、中国は世界最大の文明国家のひとつであった。すでに二つの哲学が発達し、その文化を導いていた。これらは、ほぼブッダと同時代に生きた人物――孔子と老子――によって開かれたものである。儒教を開いた孔子は、正しい人間関係のありかたを説き、それに従うことによって社会と政治とに調和がもたらされると述べた。一方、老子は、調和は自然の道（タオ）に従うことによって最もよく達成されるものと信じた。道教と儒教とは等しく中国人によって崇敬された。それぞれが別個の真理を説いて人生の異なる領域に対する異なる要求に応えていることを何の困難もなく受け容れたのである。仏教もまた、これらの哲学と対立したり、それらに取って代わったりすることはなかった。やがて仏教は中国人にとって〝三つの偉大な真理〟のひとつとなった。

漢が滅びた後の三五〇年間、中国は統一されることはなかった。この抗争と混乱の時代に、仏教の教えは中国人の間に深くその根をおろした。サンガが形成され、インドの布教師たちが説法にやって来た。仏典を漢訳するための翻訳場が建てられた。

やがて、中国の僧侶自らが、聖典を持ち帰るためにインドへと旅をするようになった。その旅は厳しいものであった。僧侶たちは砂漠や高い山脈を横断して目的地に達せねばならなかった。布教のため十五年間（三九九—四一四年）旅して歩いた法顕はゴビ砂漠の恐ろしさを次のように語った。「おびただしい数の悪霊と熱風。これらに遭えばひとり残らず死に絶える。空には鳥もなく、大地には獣もいない。眼のとどく限りを見回して道を探しても、死者の枯骨を道しるべとするより他に、いっさい、導きとなるものはない。」

約二五〇年後、中国人が〝巡礼者の王〟と呼ぶ玄奘が行ったインドへの旅は有名である。玄奘は旧バクトリア王国を通ってインドに入った。彼が訪れた地では、その昔、回心前でまだ好戦的だったカニシュカ王がひとりの中国人を人質にとっていた。カニシュカ王はその捕虜を丁重にもてなし、

さまざまなポーズで座っている何体かの菩薩像に混じって
瞑想に耽る仏教僧。この部屋は世界最大の仏教寺院である
ミャンマー（ビルマ）のシュエダゴン・パゴダの中にある。

彼を留め置くための建物を建てたのであった。この住居は当時、セリカと呼ばれる僧院になっていた。セリカとは中国を意味するバクトリア人の言葉であった。壁に描かれた中国人捕虜の顔をまだ見ることができた。玄奘は僧院を訪れた最初の中国人として僧侶たちに暖かく迎えられ、その歴史について説明を受けた。

その後、ガンジス河を旅している時に、玄奘は海賊に捕らえられた。彼らはその土地の神への生贄を探していたのである。彼らが供犠の火を焚き始めると、玄奘は深い瞑想状態に入った。すると奇蹟が起こった。突然、暴風が吹き荒れ、岸にあった海賊船が粉々になってしまったのである。海賊たちは恐ろしくなって玄奘を解放した。

シッダールタが悟りを開いた菩提樹にたどり着いた時、玄奘は感情を抑えきれなくなった。彼は自らの至らなさを思い、泣いた。もし自分が前世で罪を犯さなかったならば、ブッダが生きていた時に自分も完全な日々を送っていたかも知れない。彼は思った。「ブッダが悟りを開いた時、私は一体どのような生と死の車輪の中に搦め捕らえられ、苦しんでいたことであろうか。」

玄奘はナーランダーを訪れた。これは大きな仏教徒の大学であり、多くの仏教国から学僧たちが学問をしにやって来ていた。彼はここに五年間滞在し、他の学僧たちとともに教義の細部について研究や議論を行った。彼によるナーランダーの描写は、この仏教の巨大センターに関してわれわれがもっている資料の中で最上のものである。「朝から夜まで（比丘たちは）議論に没頭している。老いた者と年若の者とが互いに助け合っている。名声を欲する学者たちが、さまざまな都市から……

やって来るが、ここで智慧が深まり広まってゆくと、自らナーランダーの学僧と名乗ることとなる。そうして崇敬を受けるに至るのである。」

玄奘は六四五年、中国に帰り、唐の都、長安で英雄としての歓迎を受けた。彼は膨大な数の仏典を持ち帰り、残りの人生の大半をその翻訳と講説とに費やした。彼は中国仏教の諸派の発展を促し、自らは民族の真の英雄となった。彼の旅先での出来事は芸術や民間伝承において称賛されるところとなった。偉大な中国の小説『西遊記』は寓話的な形で彼の巡礼を描いている。この小説が世俗的なユーモアと宗教哲学とを混じえている点は、中国仏教の現世的な性格を例証している。さらに、玄奘自身の諸著作は、七世紀における中央アジアとインドの仏教を生き生きと描き出している。

唐代（六一八―九〇七年）は、壮麗な中国文化が花開いた時期であり、また仏教の影響力がきわめて大きい時期であった。当時、仏教は中国人の宗教的生活・知的生活の中心であった。大半の皇帝は――唯一の女性の〝天子〟武后を含め――仏教のパトロンであった。支配者の中には〝官寺〟を設け、そこで国家安穏のための仏教儀礼を行わせる者もあった。僧院はこの時代、最も重要な社会福祉機関となった。サンガには病院が設けられ、貧しい者を助けたり、飢饉の際には食料を提供したりした。七二九年の調査によれば、一二六、一〇〇人の僧尼がいた。

中国の仏教徒たちは今や、インドの仏典の翻訳にとどまらず、それ以上の貢献ができる態勢にあった。彼らはダルマ〈法〉の注釈書を書き著して、新たに仏教の諸派を発展させ始めた。仏教僧たちによる印刷技術の発明により、文献の利用度が増し、仏教はより一層の広まりを見せた。まっさきに印刷された書物は仏教経典の集積であった。

しかしながら、唐の衰退期になると、仏教は攻撃を受けるようになった。儒教の学派の中には、仏教は外来の輸入物であって、真の中国様式を汚すものだと批判するものもあった。富と権力とを築き上げた仏教僧院は妬みをかうこととなった。あまりにも多くの男女がサンガでの生活を選び取ったために、仏教は、儒教の家族の理念や子息をもうける義務を弱体化させると非難された。八四五年、皇帝は僧院の閉鎖とすべての僧尼の還俗を命じた。仏教は生き残りはしたものの、その後の千年の間に衰退してゆき、中国人の生活の中で再び中心的な役割を果すことはなかった。しかし、中国的なものの考え方は、仏教思想の新しい解釈を豊かなものにし続けたのである。

中国からの仏教伝播

西暦一〇〇年以前にインドから伝来し、儒教と道教の影響を受けて成立した中国仏教は三〇〇年代、東アジアで重要な役割を果した。やがて朝鮮や日本やヴェトナムに伝わったのも、この中国仏教であった。中国の布教師たちは仏教を現在の北ヴェトナム地域へと伝えたが、この地は当時、中国帝国の一部であった（ヴェトナム仏教の形態が、その近隣諸国であるラオスやカンボジアの仏教よりも中国仏教に近似しているのはこのためである）。中国人と同じく、ヴェトナム人も仏教を土着の宗教実践と習合させた。大きな村には仏像が一体ずつ置かれ、サンガのメンバーは村の行事で重要な役割を担った。医学と哲学の知識を具えた僧侶は国民から大いに尊敬され、まもなく上流階級の信奉者を獲得することとなった。仏教僧は、中国による支配や、はるか後のフランスによる植民地支配に対する闘いに加わったために、民衆の支持を得た。

朝鮮半島もまた、しばしば中国帝国の支配下に置かれた。伝承によれば、順道という名の中国僧が三七二年に仏教を朝鮮に伝えたという。当時、朝鮮には三つの王国があり、北方の二国は速やかに仏教を受け容れた。南端の新羅は抵抗し、人民は北方から来たひとりの布教師を殺害した。しかし、この布教師、異次頓は、自らの血が乳のように流れて、仏法の真理の正しさを証すであろうと予言した。この予言が現実のものとなると、新羅の人民たちも仏教を受け容れた。朝鮮仏教は六世紀から一四世紀にかけて、国王が仏教のパトロンであった時期に黄金時代を迎えた。

五五二年、朝鮮〈百済〉の国王は島国日本に布教師を派遣した。彼らは日本の朝廷に一体の仏像と国王からの文書をもたらした。文書は仏教を次のように誉め称えていた。「あらゆる教えの中で最も勝れ、……永遠にして無量の福徳果報に加えて、この上ない悟り〈無上菩提〉をもたらしてくれる。この妙なる教えの宝は、それを求める者に、決してやむことなく十分に与えられ続けるであろう。」

この文書は日本で論議の的となった。異国の宗教が受け容れられれば、神の怒りを招くことになりはしまいか？　日本人が信仰していた神とは、すべての自然に宿る精霊であった。神を祭る質素な神社がこの国のところどころに建てられていた。日本神話では、天皇の先祖は、あらゆる神々の中で最強の太陽の女神であるとされていた。これらの宗教実践に、神道すなわち〝神々の道〟とい人生の大いなる旅の途次において、己れ自身よりも勝れた、もしくは少なくとも同等の人物に出会えないならば、むしろ一人楽しく旅するがよい。愚か者は旅路の助けになってはくれない。

『ダンマパダ』より（5：61）

う名称が与えられたのは仏教伝来後のことである。

一豪族が仏教を受け容れ、祭るための寺を建てた。不幸にもその直後に疫病が流行し、新しい宗教のせいだと非難された。寺の破壊が命ぜられたが、疫病の流行がひどくなると、仏教徒たちは寺の再興を懇願した。議論は二派に分れたまま続いた。

五九二年、皇子聖徳太子は女帝、推古天皇の摂政となった。太子は熱心な仏教信者であり、天皇に仏教を取り入れるよう進言した。二年後、仏教は国教であることが宣言された。聖徳太子は仏教徒の修学の中心施設として、伽藍形式の寺院を創建した。これは、日本最大の仏閣のひとつ——後に法隆寺として知られるようになる——の、もとをなす建造物であった。

日本は使者を中国に派遣して、仏典を学ばせ、仏教に関する多くの知識を習得させた。使者の派遣は期待以上の成果があった。使者は儒教や道教に加えて、中国の文化や政治の思想をも持ち帰ったのである。日本は、その当初から、仏教を含め、中国文化で価値をもっていた文物の多くを取り入れ、それを自国に合うように適用し始めていたのである。

聖徳太子とその後継者たちは日本の変革にとりかかった。七一〇年、唐の都である長安に倣って、奈良に新しい都が作られた。都には多くの仏教僧院が建てられ、聖武天皇は仏法への帰依を表明した。詔において聖武は次のように宣言した。「われわれが心から欲するのは、三宝の威霊によって、天地のあらゆる存在に、動植物にすらその恵みが及んで、とこしえに安穏がもたらされることである。」

聖武の娘であった女帝、孝謙天皇は仏教を神道と習合させるための諸策を講じた。彼女は神道の戦いの神である八幡神の祭りを整えた。仏教の僧尼たちは従順にこの神を祭ったといわれるが——ブッダが非暴力を説いたことを思うと考えにくいことである。僧侶たちは、八幡神の精霊を乗せているとされる神輿の上に擬宝珠をのせた［訳注：八幡神が武神とされるのは清和源氏以降のこと］。この儀式において、日本では両方の宗教に等しい地位が与えられたのである。

仏教の伝来は日本文化にとって刺激的な出来事であった。日本人の美を愛する心には、受け皿が与えられた。八幡神の祭りが示すように、仏教はまた、さまざまな思想に適応しうる柔軟な体系でもあったが、それは仏教が世俗的な事物に重きを置かないためであった。実際、日本では、仏教は伝来後ほどなくして、武士階級に愛好される宗教となり、日本文化全般に反映されることになるのである。

チベット

現在は中国の一部となっている〝雪の国〟チベットは、しばしば〝世界の屋根〟と呼ばれるヒマラヤ山脈の大高原に位置している。遠隔地ゆえに、チベットは他の世界から孤立することが多かった。ボン教として知られるチベット土着の宗教は呪術とアニミズムとが習合したものであった。ボン・ポと呼ばれる一種のシャーマン、すなわち呪術師は、マントラという聖句ないし呪術的な言葉を唱えて、悪霊を追放したり、強大な霊力を呼びおこしたりしていた。初期のボン・ポたちはチベットの王の臨終の儀式をつとめた。

仏教がチベットに最初に伝わったのは七世紀、チベットの王が中国人の妃を娶った時のことであった。妃は仏教徒であり、幾体かの仏像をもたらした。王は仏像のために寺院を建てた。しかし、仏教がしっかりとその根をおろすに至ったのは、一世紀後にインドの仏教僧パドマサンバヴァがやって来てからのことであった。

チベットの伝承によれば、パドマサンバヴァ、すなわちグル・リンポチェはチベットへの途次、悪魔の一群に出会ったという。チベットにとりついていた悪魔たちは彼に調伏されまいとした。が、幸運にも、パドマサンバヴァには呪術の知恵があったために、悪魔たちを調伏することができた。彼は悪魔たちを（西洋の伝承においてそうしたかも知れないと言われているように）滅ぼしたりはしなかった。代わりに、パドマサンバヴァは彼らをダルマ〈法〉に従わせ、仏教の新たな守護者にさせた。この伝説的な悪魔の調伏は、仏教がチベットの土着の宗教的諸伝統を取り込んだことを意味するものである。パドマサンバヴァは、チベットで最初の仏教僧院サムイエー寺を創建し、七七九年に完成をみた。

今日に至るまで、パドマサンバヴァはチベットにおける文化的英雄であり、歌や踊りで誉め称えられている。彼は、現在世界中で実践されるに至っている宗教だけではなく、チベット文字をももたらした。仏教だけがチベット人の生活において最も重要な影響力をもつに至ったのである。その後の数世紀の間、膨大な数の僧院・寺院が建てられた。仏教はチベットから、さらに北方のモンゴルへと伝わった。

皮肉なことに、仏教がアジア中に広まった時、その発祥国では仏教は衰退しつつあった。ヒンドゥー教が再興の時期にさしかかっていたのである。新たな諸教派が民衆のより広汎な支持を獲得した。インドへの巡礼の旅の途中、玄奘は、ブッダの初転法輪の地ベナレスではほとんどのひとがヒンドゥー教徒であると書き留めている。ブッダが、ヒンドゥー教の主要三神のひとつヴィシュヌ神の化身として信仰される地域もあった。仏教が生命力を持っていたのは僧院の中だけであった。

インド仏教に最後の一撃が加えられたのは、一二〇〇年頃、アフガニスタンから北部インドへとイスラーム教徒が侵攻した時のことであった。彼らは多くの寺院・僧院を略奪し、焼き払った。ナーランダーの立派な大学は破壊され、侵入者たちはその蔵書を十日間、火にくべた。仏教の大いなる時代は、その祖国においては終りをつげたのである。

今日、仏教僧たちは、ブッダの生涯にゆかりのあるいくつかの地で生活している。彼らは、仏教が根をおろした多くの国々からの巡礼者を歓迎してくれる。ブッダの教えは現在もアジアの三億ものひとびとによって尊ばれているが、仏教はその誕生の地では、ごくわずかの信奉者しかもちえていないのである。

4 仏教の諸派

ブッダは「私なき後は、私の説いた法があなたがたの師となるであろう」と言った。ブッダの死後まもなく、弟子たちは集まって会議を開き、彼の教えを確認した。その一世紀後、二度目の会議が開かれた。この頃までに、仏教徒の間には、法についてさまざまな見解が生じ始めていた。仏教がさらに広まり、共同体が成長してくると、見解は二極化し、仏教内部に根本分裂をもたらした。

ひとつは保守派であり、教義や実践をできるだけ、形成された当時の形のままに守ろうとするものであった。こうした方針を採るものを長老派ないしテーラヴァーダ〈上座部〉と呼んだ。

もうひとつの集団は、ブッダの教説と実践とを自由に解釈する道を選んだ。西暦の始まる頃までに、その信奉者たちは自らの集団に〝大きな乗りもの〟を意味するマハーヤーナ〈大乗〉という名を与えた。ブッダは自らの教えを筏、すなわちさすらう者を〝彼岸〟へと渡す乗りものに譬えた。マハーヤーナという名は、ありとあらゆる世界を救いに導くという考えを表している。大乗仏教徒は上座部を〝劣った乗りもの〟すなわちヒーナヤーナ〈小乗〉と呼んだ。

大乗仏教

大乗仏教の中心に位置するのはボーディサットヴァ〈菩薩〉――字義どおりには〝智慧の存在〟――である。菩薩という存在は、ニルヴァーナのきわめて近くにいながらも、それに達する前に、すべての存在の救済に尽くすために戻ってくる。菩薩は、どんな小さな生きものまでもが、その最高の目標に達するまでは、自らのニルヴァーナの達成を遅らせる。ブッダも、ゴータマ・シッダールタとして生れる前の生（すなわち輪廻の生）では菩薩であった。

菩薩は慈悲を施すだけでなく、他の衆生の苦痛や苦悩を耐え忍びさえする。菩薩の誓願は、キリスト教におけるイエスの犠牲的な役割に似ている。

> 私はこの身に引き受ける……すべての衆生の行いを。地獄にいる者、他の世界にいる者、罰を受けている者の行いさえも。私は彼らの苦悩を背負い……それを耐え忍ぶ。私はそれから身を引いたり、怖気づいて震えたり……恐れたりすることはない。私はすべての衆生の重荷に耐えねばならない。なぜなら、私は生きとし生けるもののすべてを救い、誕生・成長・病・死・再生の森を行く彼らに安全をもたらすと誓ったからである。私は自らの救いのことは考えずに、すべての衆生にすばらしい至高の智慧を授けるべく努める。……というのも、私ひとりが苦しむ方が、多くの有情が苦しむよりもましだからである。私は彼らに代わって自らを与える。私

２人の禅僧が、簡素で調和のとれた内装を
施した静かな環境の中で瞑想に耽っている。

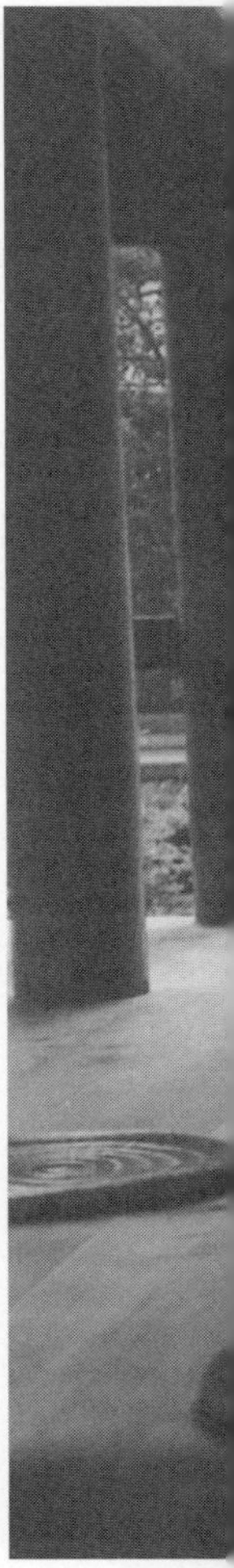

はすべての世界を、苦難の森から、肉体の柵から、死の領域から解き放つ。……なぜなら、私はすべての有情のために至高の智慧を得て、世界を救おうと心に決めたからである。

（Basham　二七五）

要するに、菩薩とは救済者である。菩薩は六つの徳目、すなわちパーラミター〈波羅蜜〉を実践して、ひとびとのために功徳を積む。ひとつの徳目は、自己意識や隠された動機や慢心を抱かない状態で実践された時、初めて完全に成し遂げられたことになる。

六つの徳目とは、

1　布施の完成（ダーナ〈布施〉）
2　道徳の完成（シーラ〈持戒〉）
3　忍耐の完成（クシャーンティ〈忍辱〉）
4　勇気の完成（ヴィーリヤ〈精進〉）
5　瞑想の完成（ディヤーナ〈禅定〉）
6　智慧の完成（プラジュニャー〈智慧〉）

である。

菩薩は人間や、動物にさえも生れ変ることがある。しかし、最も力のある菩薩は、天にいる菩薩である。大乗仏教は天の観念を発展させ、崇敬や祈願を受けることもある菩薩たちが住まう所であるとした。天にはまた、過去仏（すでに悟りを開いた者）たちや未来仏すなわちマイトレーヤ〈弥勒〉もいる。

特に重要で、ひとびとから敬愛される菩薩たちがいたが、その中には以下の菩薩がいる。

マイトレーヤ〈弥勒菩薩〉 熱狂的な信仰を生んだ最初の菩薩。彼は崇敬者の祈りに応える。すがる者には必ず手をさしのべる、慈悲と情けとに満ちあふれた存在。

アヴァロキテシュヴァラ〈観世音菩薩〉 慈愛に満ちた存在。というのも、数えきれないほど幾世にもわたって、自らの誓願を浄めたからである。人間を助けるためにはどのような形姿をとることもできる。彼のことを心に留め、その名を称えるひとに報いて、望みをかなえてくれる。彼はチベットの守護神であったが、中国では女性の観音へと形姿を変え、最も親しまれている菩薩となっている。

マンジュシュリー〈文殊菩薩〉（〝麗しい〟ないし〝優しい〟を意味する） 智慧と雄弁の象徴。若く、決して老いることはない。文殊はたいてい夢の中に現れ、時には孤児や貧者の姿をしている。文殊を崇敬する者は誰でも、その力に守られて、確実に悟りに達する。

理想的人物としての菩薩という理念が新たに発展したことによって、歴史上のブッダについての疑問が生じた。なぜブッダは菩薩のままにとどまることなく、自らニルヴァーナに達して入滅してしまったのか？　この疑問に対する大乗の答えは、ブッダの三身と呼ばれる教義の中に見出すことができる。

ブッダの三身とは、窮極身〈法身〉、天上身〈報身〉、仮現身〈応身〉である［訳注：〈報身〉は一般的には、仏になるべき修行〈因〉の報いとして得た仏身をさす］。ゴータマ・シッダールタとしてこの世に存在していた時のブッダは応身であった。しかし、この応身はまさしく報身から流出、すなわち発現したものであった。報身において、ブッダは、最高神と呼ばれるべき存在として永遠に天の世界に住まう。この報身は、窮極のブッダである法身から発現したものである。窮極のブッダは全宇宙の根底に在って、ニルヴァーナそのものと一体である。窮極のブッダないし法身は、ヒンドゥー教における世界霊魂ないしブラフマンとよく似ており、ブラフマンが装いを新たにしたものといえる。

大乗の教理は、報身は他にも存在し、それらはすべて唯一の法身から発現したものであるという思想を展開した。これらの報身とは、過去、さまざまな時代を生きた菩薩や〝他の〟ブッダたちであるとされた。これらの仏・菩薩は次第にその数を増し、無数の天や地獄、さらには他の宇宙にも住まう一大パンテオンを形成することとなった。大乗仏教の思想家たちは、すばらしい極楽と、その対極にあって、邪悪なひとびとが恐ろしい罰を受けて苦しむ地獄とを構想した。人間の構想力の及ぶ限り、新たな構想物は次から次へと生み出されていった。

報身の観念によって、大乗仏教は他の国の神々や歴史上の人物を取り込むことができた。例えば、中国では、道教の真人（聖なる賢人）は仏（や菩薩）として大乗の諸形態の中に取り込まれたが、それは、神道の神々の中で最も重要な存在であった日本の女神アマテラスの場合と同様であった。

しかしながら、最も敬愛された報身は、この世の生と苦悩とに関わる報身であった。最も重要なものは西方浄土に住まう阿弥陀（〝無量光〟）仏であった。彼は、史上のゴータマ・ブッダと、とても力があり慈悲深いアヴァロキテシュバラ〈観世音菩薩〉、〝見おろす主〟という意味）とに関係があった。

大乗の教理は主に二つの学派に支えられていた。第一の学派はマードヤミカすなわち中観派であった。西暦一、二世紀を生きたナガールジュナ〈龍樹〉が発展させた学派である。ナガールジュナは、すべての存在は空《くう》（シューニャター）であるとした。そのため、彼の教理は時に空観と言われる。ナガールジュナは実践上の目的のために日常世界が存在することは認めた。しかし、それは無常な諸現象からなるものゆえに、絶対の実在ではない。空は決して変化することのない唯一の現象ゆえに、絶対の実在なのである。実際、空はニルヴァーナやブッダの法身と同一のものである。

中観派の教理にはきわめて楽観的な推論が含まれていた。空の存在は通常の論理では証明できないが、瞑想のさなかに直接経験しうるというのである。空はいたるところに存在する。実際、窮極の空と現象世界との間には何の差違もない。人間をはじめ、あらゆる存在はすでに空の一部なのである。彼らはみな、潜在的にはブッダなのであり、瞑想によって空を認識し、事物の本来の在りようを認識することさえできればよいのである。

中観派の教理は中国と日本で支持を得た。現実世界での救済を強調したために、中国人と日本人の実用を重んじる精神に訴えることとなったのである。現実世界とニルヴァーナとを同一視するこ

菩薩像。菩薩とは、ニルヴァーナの達成を目前にしながら、有情をひとり残らず救済してニルヴァーナを達成させるために、自らはニルヴァーナに入らないことを誓う仏教僧のことである。アフガニスタン出土。ガンダーラ様式。

他のひとの過失や、他のひとが何をなし、何をなさなかったかを考えてはならない。代わりに自己のあやまちを、自己が何をなし、何をなさなかったかを考えよ。

『ダンマパダ』より（4：50）

ひとは学ぼうとしなければ、牛のように年老いてゆくだけである。確かに肉体は年老いてゆくが、知慧が成長することはない。

『ダンマパダ』より（11：152）

とから、中観派は自然に対する愛情にも訴えることとなったが、これは両国で重要な価値をもつものであった。実際、空の描写は中国、日本の美術において重要な要素となった。のみならず、中観派の教理は悟りへの速やかな道を提供した。再生の必要はそれまでほど重んじられなかった。というのも、ニルヴァーナや悟りの境地はどこにでも存在するものであって、ただそれらを認識することだけが必要だったからである。

第二のヨガーチャーラ〈瑜伽行派〉と呼ばれる学派は四世紀に興った。その中心となる信念は、現象世界はそれを見つめる者の心の中にのみ存在するというものである。僧が瞑想の中で、この現実世界の通常の知覚と同様の実在感のある幻像を現出させることができるという例が用いられる。もちろん、僧はそれらの幻像が自らの思念の産物であることを承知している。瑜伽行派によれば、心とは独立にその外部に存在する唯一の実在は、真如と呼ばれる実体である。真如（タタター）とは何の特性ももたない、清浄かつ円満なものであり、中観派の空に対応するものである。

瑜伽行派の救済は、絶対的な清浄すなわち真如の状態に達するまで自らを浄めることにあった。浄めの過程は厳しいものであり、高次の精神的発達を遂げた者のみがなし得た。その基本は、瞑想者ができる限り鮮明に幻像を現出せしめてから、それらを消し去るというものであった。実践を絶えず繰り返すことによって、日常世界で知覚するものや心に浮かぶ幻像が主観的なものにすぎないことが明らかになってくる。達人は、すべての現象が主観にすぎないとの認識を得る。心に浮かぶ幻像と日常の現象とが同様に知覚されるようになった時に初めて、真如に達したことになるのであった。

大乗仏教の思想は二つのレベルの仏教を生み出した。知識階級には複雑な論証によって、魅力的かつ独創的な哲学が与えられた。しかし、大衆のレベルでは大乗仏教はもっと具体的なもの——すなわち、仏・菩薩への帰依——を与えてくれた。仏・菩薩がすべての衆生の救済のために尽してくれていると知らされることは心の慰めになった。のみならず、天に住まうこれらの存在者は、困っている者の祈りや願いを聞き届け、個々のひとそれぞれの救済者として働いてくれたのであった。

上座部仏教と大乗仏教の相違

上座部仏教も大乗仏教もゴータマ・シッダールタを仏教の開祖とするが、二派の相違は根深い。

その違いは九点にまとめられる。

1 **アルハト〈阿羅漢〉の理想と、ボーディサットヴァ〈菩薩〉の理想** 上座部仏教の理想は阿羅漢であった。阿羅漢は、たいていの場合、僧侶であり、八正道によって悟りを開き、ニルヴァーナを経験した者である。その目標はひとえに、自らの悟りの達成にある。大乗仏教では、菩薩は、すべての衆生の救済に尽すために自らのニルヴァーナの達成を遅らせる。

2 **ニルヴァーナの目標と、ブッダになる目標** 上座部仏教の目標は、八正道によってニルヴァーナを達成することであった。大乗仏教の目標は、ブッダとなることそれ自体である。上座部仏教徒は、到達し得る最高位であるブッダになることと、阿羅漢としてニルヴァーナを達成することとの差違を認識していた。大乗では、理論上は誰でもブッダになることができたのである。

3 **自己鍛練のつとめと、救済の目標達成を信じるつとめ** 上座部仏教徒は、個々人の努力のみによるニルヴァーナの達成を求めた。大乗仏教徒は、祈禱や信仰の役割や、仏・菩薩の助けを、救済過程の一部として認めた。

4 **史上のブッダと、多くのブッダたち** 上座部仏教徒は、史上のブッダの重要性を強調し、その偉大さは彼の説いた法にあるとした。彼らはブッダを人間の中で最も勝れた存在と見なしたが、彼を神的なものとは見なさなかった。大乗仏教では、史上のブッダは多くの仏・菩薩の中のひとりであり、至高存在と見なされて、神の属性を具えることになった。

5 **僧侶と、在俗の信者**　上座部仏教は僧侶の宗教と呼ばれてきた。サンガが宗教共同体の中心であった。在俗の信者は、貴い説法のお礼に食料などの布施を捧げるという、サンガへの奉仕によって功徳を積むのであった。大乗仏教では、サンガの重要性は、仏教の伝統や教説を保存し、伝えてゆく点にあった。が、在俗の信者はより大きな役割をもっており、じかに菩薩に祈りを捧げ、彼らを通して直接救いを求めることができた。

6 **智慧の重視と、慈悲の重視**　上座部仏教の最高の特性は智慧である。智慧の獲得によって、ニルヴァーナの目標は達成される。大乗仏教では、最高の特性は慈悲——すなわち、すべての衆生を救済に至らしめること——である。

7 **パーリ語経典と、サンスクリット語経典**　両派とも、自分たちの典籍や経が、ブッダの直説であり、書き留められる前には、幾世代にもわたって口頭で伝承されてきたものであると主張する。上座部の経典は紀元前一世紀にスリランカで初めて文字に記された。これらは、パーリ語という古代インド語で書かれてある。大乗経典は、その後に、サンスクリット語で書き留められた。上座部と同一の文献も含まれてはいるが、大乗独自のものが膨大な量にのぼる。大乗仏教徒は、彼らの新しい経典は、ブッダによって、特に選ばれた弟子たちに対して与えられたものであると信じている。

8 **ひとつの宗派と、多数の宗派**　上座部はその宗教思想に関して、たったひとつの宗派をもつだけである。その信奉者たちは、それが、史上のブッダがその生涯において説いた教えと同じであると主張する。大乗仏教の宗派は多い。それらの自由な仏教解釈は、新たな宗派の受け入れに対するより寛容な態度を生み、それらの宗派は絶えず発展しつつある。

9 **南伝と、北伝** 上座部仏教は南方に広まった。スリランカ、ビルマ、タイ、ラオス、カンボジアといった国々は、すべて上座部仏教を実践している。大乗仏教は西北インドで興った。伝承によればカニシュカ王が仏教徒会議を召集し、そこで経典が編集されたという。大乗仏教は西北インドからアジアを横断して、中国、日本へと伝わった。

浄土教

中国人が初めて仏教に出会った時、仏教の内部に分裂があるという考えをもたなかった。彼らは、さまざまな経典を手に入る順番にひとつひとつ受け入れていった。前章で述べた巡礼者たちが示しているように、中国仏教の第一段階には、できる限り多くの文献を入手しようとする努力があった。その後、中国人自らが仏教教義に貢献するようになった。初めは、中国の学僧たちは大乗経典に注釈を加えることで仏教を豊かなものにした。例えば、玄奘は、自ら瑜伽行派に帰依して、文献の注釈書や解釈書を書き著した。膨大な数の大乗の書物をひとつの一貫した体系にまとめあげた学僧たちもいた。

中国人はまた、禅（瞑想）宗を発展させた。この伝統の下では、瞑想の諸技法が、経典の必要性にとって代わった。これらの中国人による貢献は重要であった。というのも、ヴェトナムや朝鮮、

観音。11世紀、中国では、ブッダは観音と呼ばれる慈悲の女神の形姿をとった。

日本へと伝わったのは中国仏教であり、これらの地で、ひき続いて、新たな作法や伝統や実践が付け加えられていったからである。

しかし、中国人の貢献は学問的な注釈や技法にとどまらなかった。中国の宗教指導者たちが発展させた日々の祈禱法は、仏教が東アジアの大衆宗教となる一因をなした。その一例が浄土教であり、その中心はブッダ・アミターバ〈阿弥陀仏〉である。

阿弥陀仏（〝無量光仏〟）は、大乗仏教の〝新たな〟ブッダの中で最も敬愛されているもののひとつである。仏教徒の信仰によれば、阿弥陀仏は久遠の過去に、悟りを目前にして、誓願を立てた。「私が悟りを開いた時、もし〝他の世界の衆生〟の中に、私の名を聞いて、私に対して親愛の念を抱く者がいれば、誰であれ、救いの手をさしのべよう。もしこの誓願が守られないならば、私は決して悟りを開かない。」

阿弥陀が実際、ブッダとなった以上、この誓願が真実であることは確証され、ひとびとは、いつでも彼の助けを求めることができるようになったのである。

阿弥陀が住まう極楽は浄土と呼ばれる。この荘厳に満ちた国では、樹々の葉や花は、ありとあらゆる色彩の宝石でできている。池には、この世では見ることのできないほど大きな蓮が生えている。鳥の声は絶えることがなく、雲は次から次へと音楽を奏で、そよ風が吹けば、樹々は鐘楽を奏でる。阿弥陀を信奉する者は、いつの日か、この浄土に往くことができるのである。

中国ではアミターバはア・ミ・トウ・フォと呼ばれ、七世紀に浄土教が発展した。敬虔な浄土教徒は、阿弥陀（アミターバの名前の日本語形）の名を呼び求めれば、死後に浄土へ導いてもらえると信じた。この簡単な信仰は、この世の苦悩からの大きな慰めを与えることとなった。やがて、ただひたすら阿弥陀の名を称えることが、中国では最も大衆的な宗教実践となった。宗教芸術においては、阿弥陀仏は蓮華座の上に座っている姿で描かれ、脇に、中国で敬愛された菩薩である観音を伴うことが多かった。

法然（一一三三～一二一二年）は浄土教を日本に広めた。彼が活躍したのは、しのぎを削る武将たちが戦をしかけ合う戦乱の時代であった。混乱と苦悩に対する法然の答えは、阿弥陀の慈悲に全面的にすがることであった。

阿弥陀の名を称えることは日本の仏教にとって目新しいことではなかったが、法然はそれを説法の最も重要な要素とした。〝南無阿弥陀仏〟（阿弥陀仏に帰依し奉る）という名号を繰り返し称えることが、救済に必要なことのすべてであった。浄土教の文献には次のように明言されている。

堅固な信心を抱いて（名号を）繰り返し称えることの中に、事細かな行の一切が具わっている。……このことを信じる者は、たとえ釈迦（史上のブッダ）の一代説法をすべて明瞭に理解していたとしても、一文字をも知らぬ純真な者のごとく、もしくは、言葉には出さないが純粋な信を抱いている無知の僧尼のごとく振舞うべきである。このように智者のそぶりを見せることなく、繰り返し阿弥陀の名を称えるべきである。ただそれだけのことである。

(de Barry　二〇一)

法然の弟子にあたる僧侶、親鸞は師の思想をさらに発展させた。生涯でたった一度、名号を口にしさえすれば救済がもたらされると明言したのである。衝撃的なことに、親鸞は妻帯し、女犯の戒を破った。彼は、阿弥陀の恵みこそが重要なことのすべてであって、僧の戒律などは重要ではないと説いた。家族や家庭は宗教生活にふさわしい環境であるとも示唆した。親鸞の弟子たちは浄土真宗を組織化したが、これは今日、日本で最も支持を得ている仏教徒の集団である。

禅宗

中国で発展を遂げた大乗仏教のもうひとつの宗派は禅（瞑想）宗である。瞑想は仏教では常に重要な役割を果してきた。ブッダ自身、菩提樹の下に座りながら、瞑想することによって悟りに達したのである。しかしながら、禅宗はブッダの「自己の内を観よ、汝はブッダである」という言葉に特別の意味を見出した。

インドの布教僧、ボーディダルマ〈菩提達磨〉が五二〇年に中国に到着したのが禅宗の始まりであった。伝承によれば、菩提達磨は仏教の本来の精神を復興するために中国へやって来たという。彼が到着し、中国皇帝に謁見した際、皇帝は仏教を盛んにするためにそれまで行ってきたことのすべてを彼に語った。皇帝は菩提達磨に尋ねた。「これらの行いによって、私はどのような功徳を積んだことになるのか？」菩提達磨は答えた。「何の功徳も積んだことにはなりません。」そこで皇帝は、菩提達磨が何を仏教の根本原理と見なしているのかを尋ねた。「広大な空《くう》です」と菩提達磨は答えた。

菩提達磨はその後、僧院に引きこもり、そこに九年間滞在した。彼は、その間ずっと白壁を見つめながら絶えず瞑想していた。まぶたが疲労のために閉じかかると、菩提達磨は両まぶたを切り捨てたといわれている。両まぶたが落ちた場所からは茶の木が生え育った。茶が愛好されたのは、もともと仏教僧が瞑想中に覚醒を保つための刺激物としてであった。

禅宗は瞑想をその宗教実践の中心にすえた。瞑想は、法身を直観するための一方法・一手段にすぎないというのではなく、唯一無二の道であった。実際、瞑想は一手段であることを超えて——修行のさなかに感得される真理そのものであると信じられていた。この目標を追い求める信奉者たちは、直観によって悟りへと向う方法を追求するために、経典の研究を放棄することも差し支えないと感じた。瞑想の諸技法は、師から弟子へと、直観力の伝授というかたちで完全に秘伝的に伝えられた。

禅宗は、二つの中国古来の哲学の影響を受けていた。儒教と道教とは、人間が基本的に善良であることを説いた。ひとびとに必要なのは、その本来の智慧を呼び覚ますための導きと支えだけであった。孔子は、今・ここに心を集中させるべきであると説いた。道教の徒は、人間本来の性に従うべきであると説いた。〝すべてはあるがまま〟であり、そう理解することが悟りのひとつの形であった。直観力を高めるために、道教の徒はしばしば謎や逆説を利用した。禅仏教は、この技法を実用的な見地と結びつけた。さらに、伝統を破って、僧侶たちには、肉体労働が求められた。

中国の禅宗は公案を発展させた。これは、逆説的な語りによって、心を目覚めさせようとするものである。師は弟子に、要点がはっきりしない難解な話をしたり、一見答えることが不可能のような一連の問いを投げかけたりするのである（例えば、「片手で鳴らす音とはどのようなものか?」）。弟子がこれらの話や問いについて黙想している間に、師はしばしば彼らに衝撃を与えるような行動にでる。弟子の耳元で大声を張り上げることもあれば、棒で鋭い一撃を加えることさえある。この目的は、弟子に衝撃を与えて、瞑想の世界と物質の世界の両方を捉え得るような状態に入り込ませることであった。この二つをひとつに結びつけることによって、弟子は事物の真の在りように気がつくようになる。こうして、彼らは瑜伽行派の哲学にいう真如の目標に到達することができるのである。

禅宗は朝鮮とヴェトナムにも伝わったが、その影響が最も強かったのは日本であった。日本における禅は、インド由来の神秘的な諸観念と、中国の実際的な方法・技法とを結びつけたものであった。目標は、瞑想によって、悟りに達することであった。禅仏教には主な宗派が二つあった。いずれも一二世紀から一三世紀初頭にかけて、日本に伝えられた。

日本の僧、栄西は日本の仏教の低迷ぶりに落胆していた。彼は学問を深めるために中国に渡り、そこで禅に惹かれた。悟りを得た後、栄西は禅師として帰国した。臨済と呼ばれる宗派をうち立てると、まもなく弟子たちが集まってきた。臨済宗は、瞑想のために心を澄ませる一助として公案を

ミャンマー（ビルマ）のラングーンにあるゴールデン・シュエダ・パゴダの正面を行列して歩く北ヴェトナムの尼僧たち。南ヴェトナム政府が南ヴェトナム内の仏教の僧尼を迫害したことに反対している。

用いた。公案について考えることによって、悟りの準備状態に入ることができるとしたのである。栄西は自らの教義を「外面においては、教義よりも修行〈涅槃の扶律〉を重んじ、内面においては、至高の内なる智慧〈般若の智慧〉をもたらす」ものであると主張した。

日本の禅の開祖の二人目である道元は曹洞宗をうち立てた。道元の弟子たちは悟りに達する方法として座禅を用いた。座禅とは座って行う瞑想である。道元の弟子のひとりは、その過程を次のように述べている。

一定の場所——閑静でなければならない——に厚い座ぶとんを敷き、背筋を伸ばした姿勢でその上に座る。そこで、まず腹を膨らませて、そこに力を込める。両肩は両耳の下で一直線になるように、また、鼻の下に臍がくるようにする。背筋はまっすぐ伸ばす。口は閉じねばならないが、眼はかすかに開けておいても構わない。静かに呼吸を行うことで正しい姿勢を保つことができる。そして、与えられた題目について黙想に耽るが、初心者の場合には、呼吸の数を数えることによって、ぼんやりとした、とりとめのない思念を追い払う方法がある。こうして、サマーディー〈三昧〉すなわち、心の乱れのない浄らかな状態に入って、瞑想を続けてゆく。

（Conze 一三四—一三五）

二つの禅宗は多くの信仰や実践において共通点があった。いずれも史上のブッダを崇敬し、修行は師から弟子へと伝えられた。いずれの宗派も、各人の中で仏の心を目覚めさせることができると信じ、仏教への帰依は日々の行いの中に表現されると説いた。

禅は日本では武士階級の宗教となった。武士は、哲学的な文献を読んだり、儀式を行ったりする必要のない宗教に惹かれたのである。禅は簡潔であり、修行を重んじたが、これこそまさに武士が尊んだ特色であった。禅はまた、日本独自の芸術の多くに影響を与えた。

タントラ仏教

紀元五世紀頃、インドで新しい種類の仏教が興った。これは、ヴァジュラヤーナないしタントラ

ヴァジュラヤーナの祈禱の鈴。やりの柄がついている。

仏教と呼ばれている。この二つの名称から明らかなように、この仏教と大乗仏教との関係はそれまでになかったような性質のものであった。ヴァジュラヤーナ（〝雷電〟もしくは〝金剛乗〟）という言葉は、それが仏教の全く新たな宗派であることを意味している。雷電は窮極の実在である空の象徴である。しかし、ヴァジュラヤーナは救済に至る上で新たな技法――タントラ――を用いはしたものの、その基礎には大乗の哲学がある。

タントラ〈儀軌〉とは、悟りを得るためのさまざまな技法を載せた手引書の名称である。タントリズムは、手引書の使用に熟練したグルと呼ばれる達人のみが理解し得る信仰と実践の体系を発展させた。タントラには、呪文（マントラ）と神秘的な図像（マンダラ）と象徴的な手のポーズ（ムドラー）とがあった。

タントリズムの修行法は、ヒンドゥー教徒にも仏教徒にも実践された。その目標は、日常的な次元を超えたところにある実在との神秘的な合一を達成することにあった。これはヒンドゥー教では、神とその配偶者との合一というかたちで象徴されていた。仏教では、菩薩・仏と女性の相手との合一であった。信奉者は瞑想によって、仏や菩薩との精神的合一に達し、至福と窮極の実在とを体験するのであった。

ヴァジュラヤーナは、ネパール、中国、日本の仏教の一部となった。が、それが最も大きな発展と洗練を遂げたのはチベットにおいてであった。伝承によれば、インド僧、パドマサンバヴァがタントリズムをチベットに伝えた。チベットでは、グルはラマと呼ばれていた。ラマは僧侶である必要はなく、タントラに熟達してさえいればそれで充分であった。ラマはチベットにおいて大変重要な役割を果したために、この宗教はしばしばラマ教と呼ばれる。

ラマの最も崇高なつとめは、死にゆく者の霊魂が肉体を離れてゆく際の導き手となることであった。霊魂は四十九日の間、バルドーという死と再生との中間状態にある。この間、ラマが与える教えによって、霊魂は悟りもしくは再生へと導かれることになるのである。

一一世紀、チベットのグルであったマル・パ（一〇一二―九六年）は、インドで学問を積み、タントリズムの伝統を革新した。マル・パは既婚の一家の主で、農夫として通常の生活を営んでいたが、仏教のサンスクリット原典を翻訳し、弟子を集めて、彼がインドで習得したタントリズムの秘法や実践を伝授した。彼は、自らの霊魂はヴァジュラダラ（〝ヴァジュラの守護者〟〈執金剛〉）と呼ばれる仏のものであると主張した。

マル・パの最も有名な弟子はミラ・レパ（一〇一二―一一三五年）であった。ミラ・レパは、何年もの間、高いヒマラヤ山脈の洞窟で瞑想に耽り、マル・パから習得した諸技法を実践し発展させた。彼のもつ力のひとつに体温を上昇させる能力があり、そのため世界最高峰の山々での厳しい冬の寒さの中でも、白い綿でできた薄い衣を一枚身にまとっているだけであった。

マル・パもミラ・レパも、僧侶に任ぜられることは一度もなかった。二人がチベット仏教で重要だった理由は、その個人的な宗教体験を表す韻文を創作したことにあった。これは、今日までチベットに続いている伝統の始まりであった。

一二世紀末頃、北インドを制圧したイスラーム教徒の侵入者たちから逃れたインド人の波がチベットに押し寄せた。それまではチベット人の巡礼者たちが修学のためインドを訪れていた。今や、チベット人たちは自らの国を仏教の精神的中心地と見なし始めていた。彼らは、ブッダ自らこの運命を予言したものと信じた。観世音菩薩はチベット国家の守護神として崇敬され始めた。

一五世紀、ツォン・カパという名の宗教指導者がゲルク派をうち立てた。これは二つの理由から重要であった。ひとつは、ゲルク派がチベット仏教の支配的な分派となったことである。ツォン・カパは首都ラサの近くに僧院を建て、首都をその宗教集団の拠点にした。

二つめの理由は、ツォン・カパの三代目の後継者が初代ダライ・ラマ（〝智慧の海〟）であったことである。彼とその後継者たちは観世音菩薩の化身であると信じられている。その後、数世紀の間、ダライ・ラマが亡くなると、その最も新しい生れ変りである子供が探し求められた。子供が見つかると、年長のラマたちによって、その役割を担うための準備教育が施された。一六四二年、回心したモンゴルの首長は、ダライ・ラマをチベットの王位に就け、世俗面と宗教面の両方にわたる国の指導者としたが、この地位は、一九五九年に中国共産党政府がチベットをその支配下に置くまで続いた。

チベットの教義では、仏教の最終目標に達するための乗りものが三つ認められている。これらの方法は、修行者の精神の発達の度合いを考慮に入れたものである。最初の方法はテーラヴァーダ〈上座部仏教〉であり、自己鍛練によって修行者を自己救済へと導くものである。僧侶の多くはこの修行を行っている。二番目はマハーヤーナ〈大乗仏教〉であり、他の衆生を救うための哲学的明察へと導くものである。三番目がヴァジュラヤーナで、タントラ儀礼と神秘的瞑想の方法である。より高い次元からすれば、これら三つの修行はひとつの乗りもの（エーカヤーナ〈一乗〉）の中の、ひと続きの段階と見られる。ラマは十四年から二十年を費やして初めの二つの乗りものの修学を行ってから、タントラの準備に入る。これらの書物には、至高の智慧へとひとを導くことのできる儀礼や神秘的瞑想や呪文についての説明が載っている。この段階の熟達者を指導できるのは特別の資質を具えた師だけである。三つの方法によって、チベットはいわば仏教の博物館となったのである。

5　仏教の文献

小滝のように流れる小川と樹々の森の中にたたずむ朝鮮の伽那山の頂上付近に、最も有名な仏閣のひとつである海印寺の伽藍がある。春にはわずかの間、桜の花が咲き、秋にはもみじの葉が紅く、また、かしの葉が黄金色に見事な色づきをみせることで、〝万物の無常〟が際立たせられる。毎年、幾千のひとびとがここの九十三棟に及ぶ木造建築物を訪れるが、そのひとつに、僧侶らが昼夜、仏典の読経を行っている僧院がある。

しかし、海印寺で最も重要なのは、およそ六〇〇年前に建てられた二つの建物の中に納められた蔵書である。その中には、もとは仏教経典を蓪草紙《つうそうし》に印刷するために用いられていた八万を超える木版がある。

版は一四世紀［訳注：正しくは一三世紀、海印寺に移ったのが一四世紀］に、朝鮮〈高麗〉の高宗王の命によって刻まれた。当時、モンゴルの侵入者たちが国を占領しており、王は朝鮮人に仏の恵みを確実にもたらそうと計画を立てたのである。十六年以上もの間に、計八一、二五八部の木版が製作された。木版はカバ材で、両面が彫り刻まれ、およそ縦二十七インチ、横九インチの大きさである。

朝鮮人はモンゴル人の追放に成功し、貴重な木版は今日のテーグ（大邱）市の近くにある海印寺に収められた。特別の防腐処理が施されていたために、木版は今日までその姿を保つことができた。これらは、ひとまとまりの仏教経典としては世界最大規模の集積である。

大乗の伝統の信奉者として、朝鮮人はその文書による形態を保存してきた。しかしながら、この膨大な集積ですら、仏教聖典全体のごく一部に過ぎない。上座部仏教と大乗仏教とに共通する経典もある。が、大乗仏教が広まるにつれて、その文献の量は著しく増大した。今日、数多くの仏教伝承をひとまとめにすれば、その典籍の量は、他のいかなる宗教のものよりもまさっている。

仏教には、聖書やコーランのように、信者のすべてが受け容れているような一冊の典籍というものはなかった。仏教の宗派の多くは、指針としてひとつの経典を重視したが、後の宗派になると自分たち独自の経典を付け加えていった。言語の違いや若干の形態の違いこそあれ、すべての仏教徒に敬愛されている作品もある。仏教経典は智慧の宝庫であり、人類の重要な精神的記録である。

三蔵

ブッダの死後五〇〇年間、彼の弟子たちはその教えを記憶し、語り伝えた。般涅槃後、サンガは会議を開いて、ブッダの教えについて確認し合った。インド人には書き言葉があったが、彼らはブ

チベット仏教の精神的指導者であるダライ・ラマがカーラチャクラ（生の車輪）の説法を行う前に、小さな儀礼用の太鼓を鳴らしている。インド、ボードガヤー。

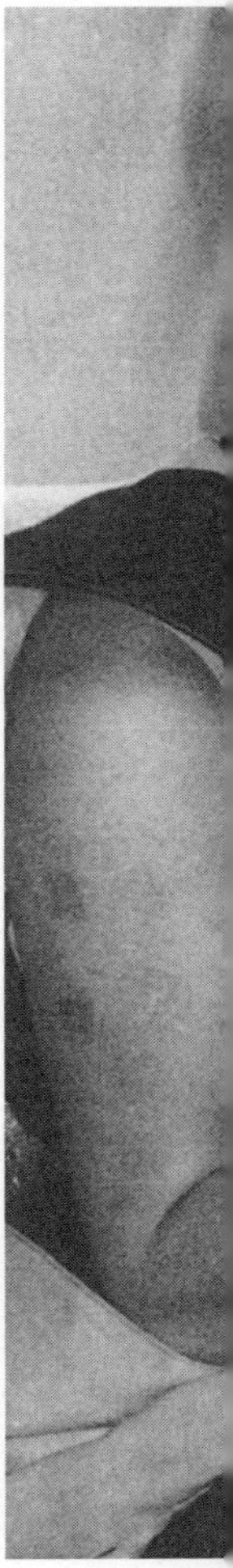

ッダの教えを口伝えによって保存した。というのも、インドの伝統では、聖句を実際に口で唱えることに特別の価値があったからである。聖典の大半が韻文の形態をとり、誰にでもわかる標準的な言葉を用いていたために、容易に記憶することができた。

年月がたち、仏教内にもさまざまな見解が生じるようになると、ブッダの教説を書き留めておく必要性が増大した。最初に書き留められた仏教経典は、紀元前四三年の少し後、スリランカで、やしの葉に書き記されたものであった。パーリ語で書かれたこれらの仏典は上座部仏教の根本経典となった。これらはティピタカ――〝三つの籠〟〈三蔵〉を意味する――と呼ばれる。この名は、三つの範疇に分かたれた典籍が、しばしば、文字どおり三つの籠に収められていたことに由来する。最初の籠はヴィナーヤ・ピタカ、すなわち〝戒律の籠〟〈律蔵〉である。これらの典籍はサンガに関わりがある。僧尼に対してブッダが定めた戒律を載せている。また、初期の僧院の創建やその歴史についての知識も与えてくれる。

三蔵の二番目はスッタ・ピタカ、すなわち〝説法の籠〟〈経蔵〉である。この籠には、スッタ（サンスクリット語ではスートラ）すなわち、ブッダや彼の初期の弟子たちの説法や物語が入っている。これらの中で、ブッダは、ニルヴァーナに達するために必要な教義や実践を述べている。経蔵には、仏教で最も親しまれている作品の多くが含まれている。そのひとつが〝自己を灯明とせよ〟

と呼ばれるブッダの最後の説法である。

だからアーナンダよ、汝自らを灯明とせよ。汝自らをよりどころとせよ。自己の外によりどころを求めてはならない。真理を灯明としてそれを守り抜け。真理をよりどころとしてそれを守り抜け。自己以外の者をよりどころとして探し求めてはならない。

(Alphonso-Karkala 二三八)

この二番目の籠の中にはテーリーガーター〈長老尼偈〉——最初の仏教の尼僧たちによる帰依の歌——が含まれている。テーリーガーターは、女性による聖なる詩句の集積としては世界最古のものである。その作者のひとりは、ブッダの叔母であり、育ての母であるマハープラジャパティーであった。

三番目の籠はアビダンマ・ピタカ、すなわち〝形而上学の籠〟〈論蔵〉である。これには、仏教の教説についての注釈が含まれている。

後に——伝承によれば、紀元二世紀にカニシュカ王が召集した会議において——大乗仏教徒たちはサンスクリット語でその典籍を編集した。トリピタカと呼ばれるこの集積は、ティピタカと同様の範疇に分かたれ、同一の作品もいくつか含まれている。しかしながら、大乗仏教徒たちは、トリピタカには、ブッダが精神的に最も優れた弟子たちにのみ明かした教義が含まれていると主張している。

大乗トリピタカの中で最も重要な著述のひとつは法華経である。旧約・新約聖書と同じく、法華経は偉大な文学である。たぶんブッダその人であろうと思われる作者は、豊かなイメージと譬話を用いて、その教えを説いている。聖書の放蕩息子の譬話に似た物語もある。法華経の主題は普遍的な救済であり、信じる者すべてが仏になることである。東アジアでは多くの仏教徒が、法華経は仏教のありとあらゆる要素を調和・統合するものであると信じている。

ジャータカ

ティピタカとトリピタカに共通で最も人々に愛好された作品のひとつにジャータカ物語〈本生譚〉がある。これらの物語の中で、ブッダはその前世について語っている。伝承によれば、ブッダは菩提樹の下で悟りに達している間、五五〇にのぼる前世のありさまをすべて想い起こしていたという。

最も魅力的なジャータカ物語の中に、彼がその前世で動物の形姿に生れついていた時に経験した珍しい出来事についての話がある。ブッダは、これらの物語を用いて、その教義をわかりやすく説いているのである。ジャータカ物語は今日でも人気があり、数世紀にわたってアジアの劇や芸術に影響を及ぼしてきた。

どの物語も、ひとつの出来事から始まり、ブッダがそれに関わってゆく。〝うさぎのジャータカ〟

では、ブッダと五〇〇人の弟子たちが〝サーヴァッティー〈舎衛城〉の地主〟というひとりの敬虔な在俗の信者の家にたどり着く。七日間、地主は彼らを自宅で手厚くもてなす。

一週間の終りに、ブッダは地主のもてなしを誉め称えて、「いにしえの賢人は、出会った乞食のためにその生命を捧げた」と言う。過去のことを語ってほしいと頼まれて、ブッダは話を始める。

山脈の麓の森に一羽のうさぎが住んでいた。そばには川が流れ、小さな町があった。うさぎには三匹の仲間がいた。かわうそとジャッカルと猿であった。月を見て、うさぎは翌日が斎日であることがわかった。彼は仲間たちに、断食をし、道行く乞食には誰であれ食料を与える用意をするよう言って聞かせた。

翌日、かわうそが川へ行くと、匂いを感じた。それは、釣り人が砂の中に埋めた串刺しの七匹のベニマスの匂いであった。彼はそれを掘り出し、大きな声で「持ち主はいませんか」と尋ねた。しかし、釣り人は下流の方へ行ってしまっていたために応答する者はなく、かわうそは「そのうちに食べることにしよう」と言って、自分の巣へと持ち帰った。

ジャッカルは野原の見張り番の小屋で、二串の肉とトカゲと一杯のミルクを見つけた。彼もまた持ち主を呼び求めたが、誰も現れなかったので、「そのうちに食べることにしよう」と思いながら、自分の巣へと持ち帰った。

猿は森の樹からマンゴーを一房もぎ取って、「そのうち、食べることにしよう」と言って、自分の住処の中に置いた。

うさぎは外に出て、食料の草を集めようと思った。しかし、もし乞食がそばを通りかかった時、草では充分な食料にならないことに気がついた。うさぎは思った。「私には米も油もない。もし乞食がやって来たら、この私の肉を与えよう。」

この決断は功徳に満ちあふれたものであったために、天にいる帝釈天を感激させた。彼はバラモンを装い、地上に降り立った。初め、彼がかわうそのところへ行くと、かわうそは七匹のマスを捧げた。バラモンは翌日戻ってくることを約束した。次に彼がジャッカルのところへ行くと、ジャッカルは肉とトカゲとミルクを捧げた。ここでもバラモンは、また戻ってくると言った。猿の住処でも同様であった。

ついにバラモンはうさぎのところへやって来た。うさぎは言った。「食料を求めてようこそ私のところへおいで下さいました。というのも、私は、これまで一度もさしあげたことのないものをさしあげようと思っているからです。しかし、徳の人でいらっしゃるあなたが殺生をなさるには及びません。火を焚きに行って下さい。用意ができましたら、私はその中に飛び込みます。私の身体が焼き上がったならば、その肉をお召し上り下さい。」

バラモンは神通力を用いて火をおこした。うさぎは、毛の中に虫がいるかも知れないことを思い出し、三度身を震わせて、虫を殺さないようにした。そして、火の中に飛び込んだ。しかし、あたかも雪の洞窟の中に入っているかのように、その中に身を横たえていることができた。

うさぎは言った。「バラモンよ。あなたがおこした火では私の身体の毛は熱くすらなりません。

どういうことですか。」

「賢きひとよ。私はバラモンではない。私は帝釈天である。あなたを試すためにやって来たのだ。」

うさぎは言った。「そんなことをなさっても意味はありません。というのも、世界中のすべての者が私の喜捨の心を試しに来たとしても、私がそれを嫌がることなどありはしないのですから。」

帝釈天は言った。「賢いうさぎよ。その功徳に対して、輪廻の世界の終りを告げてあげよう。」帝釈天は山を手にとると、それから液体を絞り取り、その液体で月にうさぎの輪郭を描いた。そして、うさぎを柔らかな草の巣の上に置くと、天の住処へと帰って行った。

うさぎとその友達は幸せで徳に満ちた生活を送り、その行いによって入滅を果した。

話を終えるにあたって、ブッダは、これらのうち、かわうそはアーナンダで、ジャッカルと猿は他の二人の弟子、うさぎは〝私自身であった〟ことを明かした。（キャロライン・リス・デイヴィズ編『ブッダの物語』による）。

『法句経』

『法句経』（パーリ語『ダンマパダ』、サンスクリット語『ダルマパダ』）ほど流布した仏教経典はない。これはすべての仏教徒にとって、智慧と安心の源である。『法句経』は、ブッダが四十五年間の布教活動の間に行った短い説法の抜粋である。四二三の詩が二十六章にわたって配列されている。

以下に抜粋したものはその簡明な例である。

1 われわれのすべては、われわれが思ったことの結果である。われわれの思いに基づき、思いによって作られる。もし、悪しき思いをもって語ったり行ったりすれば、車を引く牛の足に車輪がついてゆくように、苦しみがその人のあとについてゆく。

2 われわれのすべては、われわれが思ったことの結果である。われわれの思いに基づき、思いによって作られる。もし、浄らかな思いをもって語ったり行ったりすれば、影が決してひとから離れないように、幸せがついてくる。

109 年長者に礼を尽し、絶えず敬う者は、四つのことが増大する。寿命と美と幸福と力である。

129 すべての者は罰におののき、死を怖れる。自らも同類であることを忘れず、ひとを殺したり、殺させたりしてはならない。

141 裸になろうと、まげを結おうと、泥だらけになろうと、断食をしようと、大地に身を伏せようと、塵や埃にまみれようと、じっと座って動かないでいようと、欲望を克服していない者を浄めることはできない。

252 他人の過失は気が付きやすいが、自己の過失は気が付き難い。隣人の過失はもみがらのように吹いて分けるが、自己の過失は、ぺてん師が不利なサイコロをばくち打ちの目からかくすように、おおいかくす。

277 〝作られたものはすべて滅び去る〟〈諸行無常〉と観てとる者は苦痛から遠ざかり離れるようになる。これが浄らかになる道である。

278 〝作られたものはすべて悲しみであり苦しみである〟〈一切皆苦〉と観てとる者は苦痛から遠ざかり離れるようになる。これが浄らかになる道である。

279 〝形あるものはすべて実体をもたない〟〈諸法無我〉と観てとる者は苦痛から遠ざかり離れるようになる。これが浄らかになる道である。

334 思慮なき者の渇愛は蔓のようにはいのびる。森の中で果実を探し求める猿のように、生から生へと走り回る。

哲学上の問答

ナーガセーナによるメナンドロス王（ミリンダ王としても知られる）の回心は仏教伝播の上での画期的な出来事であった。仏教文学の重要な文献であるミリンダパンハー、すなわち『ミリンダ（メナンドロス）王の問い』を生み出しもした。ミリンダパンハーは二人の歴史上の人物の間の対話形式で書かれている。メナンドロス王はナーガセーナに難解な仏教思想について説明を求める。しばしば物語の形式をとるナーガセーナの答えは、今日も仏教の指導者たちによって、ダルマ〈法〉の重要ポイントを説明するために用いられている。以下に一例をあげる。

メナンドロス王が尋ねた。「どうしてひとの生れつきはさまざまなのでしょうか。長生きの者もいれば、病弱の者もいる、醜い者や身体の弱い者もいれば、まったく正反対の者もいます。」

ナーガセーナの答えはカルマ〈業〉の説明に用いられるものである。彼は答えて言った。「どうしてすべての植物は同じではないのでしょう。酸っぱいのもあれば、しょっぱいのもあり、辛いのもあれば、にがいのも、また、渋いのもあれば、甘いのもあるのはどうしてでしょう。」

「尊者よ、それぞれ異なった種から育つからではないかと思います。」

「大王よ、王の言われた人間の間の違いもまったく同様に説明することができます。というのも、世尊によって次のように説かれてきたからです。『バラモンよ、存在するものは必ず自身のカルマをもち、カルマを受け継ぐものであり、そのカルマの種族に属し、カルマによって親族となり、それぞれのカルマを自らの守護尊としている。カルマこそが身分の上下といった分け隔てを生むのである。』」

「もっともです、ナーガセーナよ。」

同様に王はナーガセーナに、生れ変るその当のものは何かと尋ねた。

「名称と形態です。」とナーガセーナは答えた。

この答えは王を驚かせた。「同一の名称と形態が生れ変るのですか？」

ナーガセーナは言った。「いいえ、そうではありません。しかし、名称と形態によって善き行いもしくは悪しき行いがなされ、これらの行い（カルマ）によって、新たな名称と形態が生れるのです。」

王は言った。「もしそうなら、その新たな存在は悪しきカルマから解放されることになりはしませんか?」

ナーガセーナは言った。「生れ変らずにすめば別ですが、生れ変る以上は、大王よ、悪しきカルマから解放されてはいないのです。」

ナーガセーナはいくつかの例をあげた。彼は言った。「例えば、ある男が夕食をとるためにランプに明りをともしたとします。すると、ランプの炎が家の草ぶきの屋根に燃え移り、火は他の家々へと燃え広がって、村全体が燃え尽くされたとします。

村人たちはランプの炎が家々を燃やしたと、この男を非難します。ところが、この男は、家々を燃やしたのは彼のランプの炎ではなく、それとは別の火であると答えます。王様はこのような場合、どう判断なさいますか。」

王は、村を燃やし尽くした火がランプの炎から生じた以上、村人たちを支持する決定を下すであろうと言った。

ナーガセーナは言った。「大王よ、それと同様に、死によって終りを遂げるのはひとつの名称と形態であり、再生するのは別の名称と形態です。しかしながら、後者は前者の結果であり、したがって、その悪しき行いからは自由になっていないのです。」これがカルマの意味であった。

『法華経』

サッダルマプンダリーカ、すなわち『妙法蓮華経』は大乗仏教における最も重要な仏典のひとつである。この中で、史上のブッダはシャーリプトラ〈舎利弗〉という名の弟子に説法をしている。この仏典は、大乗仏教の諸形態の中に新たに取り入れられたさまざまな要素がそれぞれ意味をもつとみなすものである。それらの中には菩薩のような〝劣った乗りもの〟もある。

これらの〝劣った乗りもの〟をも仏教の一部として受け容れるところが、大乗仏教と上座部仏教の相違のひとつである。上座部の信奉者たちはブッダが初めに説いた、より厳密な法、すなわち譬話にいう〝大きな車〟についてだけ説く。大乗の徒である法華経の著者にとって、ブッダは、すべての有情を霊的完全、すなわち仏になることへと導くために〝劣った乗りもの〟を用いることも正しいと認める存在である。この立場を説明するために、ブッダは燃える家〈火宅〉の譬話をひく。

ブッダはシャーリプトラに、大きな家を所有する年老いた富裕な男を思い浮かべるようにと言った。家は古く、「柱の根は朽ち、壁土は崩れ落ちている。」扉はひとつだけである。その中にはその男の幼い子供たちがおおぜい暮らしている。

ある日、家から火が出て、主は扉から外へ逃げたが、家の中にいる子供たちは危険に気がついていないことがわかる。主は何とか彼らを救い出してやりたいと思う。彼は屈強な男だから、扉から子供たちを連れ出そうと考える。しかし、扉は小さく、しかも子供たちは家のあちらこちらを走り回っているため、一箇所に集めることは難しいかも知れない。

代わりに主は、危険を警告して、彼らを外へ呼び出そうとする。しかし、彼らは彼の叫び声を気に留めない。幼すぎて、〝燃えている〟の意味すら理解できないからである。

主は子供たちがおもちゃ遊びに目がないことを知っている。そこで彼は、外に三台のおもちゃの車があって、それらで遊ぶことができると彼らに言う。これを聞くと、彼らは急いで戸口へと向い、各々がわれ先にと扉を通り抜けて外に出ようとする。

しかしながら、外に出ると主は彼らに違うものを与える。彼は金持ちなので、各々に、牛に引かれて風のように颯爽と走る本物の車を与えるのである。彼は思う。「子供たちが私にとってかけがえのないものである以上、どうして彼らに劣悪な車などあげられようか?」

ブッダは尋ねた。「さて、シャーリプトラよ。初めは子供たちに三台の乗りものを約束しておきながら、その後で、各々に最も大きな乗りものしか与えなかったこの男は嘘つきであるとの咎めを受けるべきであろうか?」

シャーリプトラは答えた。「いいえ、そうではありません。なぜなら、それは、子供たちを首尾よく燃える家の外へと避難させて、その生命を救ってやるための巧みな手だてに他ならなかったからです。」

ブッダは、この主は、この苦悩と苦痛の世界から抜け出す道を見つけたブッダ自身と同じであると答えた。

自ら救済を遂げると、彼は子供たちも救い出したいと思った。しかし、彼らは無知であり、この世界で楽しみに耽ることを考えている。そこで彼は彼らに三つの劣った乗りもののことを話す。それらに惹きつけられた子供たちは、やがて四つの聖なる真理〈四諦〉の智慧――すなわち、彼らをニルヴァーナに導く唯一の大きな車――を獲得するようになるのである。

中国における写経

中国では唐代に仏教が盛んになった。学僧たちは新たな仏教の学派を発展させたが、これらは著しく中国の特色を具えたものであった。しかしながら、哲学的論議は一般大衆に益するところはほとんどなかった。法華経にあるように、ひとびとは〝劣った乗りもの〟によって仏教に惹かれたのであったが、それでもブッダの根本精神は絶えることなく続いたのである。

功徳を得る方法のひとつは、金銭を支払って経文を書写することであった。書写された経の多くには、納経の辞があり、金銭を払ってそれを書写した者の動機が説明されていた。これらの辞は、一般の中国人に対して仏教がもたらしてくれた意味と慰めとを示している。

以下に二例をあげる――幸いは偶然のものではない。祈り求めれば、与えられるものである。結果は希薄な空気から生れ出るようなものではない。仏教の教えによれば、因果はめぐるものである。仏弟子である尼僧タォ-ルンが現在、卑しく汚らわしい女の身に生れついたのもこのため――彼女の前世での行いが正しくなかったから――である。

今もしブッダの教えに畏れの念を抱かず、それを尊ばなかったならば、将来、彼女に善き果が生じ得ようか？　だから彼女は衣食の出費を切りつめて、一度、涅槃経を心を込めて書写した。これを丹念に読む者の心が最高次の領域にまで高まるようにと、また、経文の意味を語り伝えられた人々にもまた同様の悟りがもたらされるようにと彼女は祈る。

彼女はまた、今生において病気や苦悩を免れることができるようにと、七生における親たち(すでに亡くなったか、将来亡くなるであろう)と現在の家族・近縁の者たちが四界において楽しみを享受できるようにと、さらに、彼らが望むものはすべて手に入るようにと祈る。最後に、智慧を授かった者がすべて、この祈りの中に含まれるようにと祈る。

在俗の仏弟子であるトアン(・ナヲ・チァン)夫人は、かぐわしい蘭がたった一日しか花を咲かせないことを、また、愛する者との別れが大いなる悲しみをもたらすことを嘆かわしく思っていた。いったいどうして天は平然と災害を与え、最も価値のあるものを真先に倒してしまうのか——若い樹が真先に枯れ、最も高い所の花が真先に落ちるといった具合いに。

かくして彼女は、亡くなった三番目の息子——県令トアン——のために金光明経の本箇所を心をこめて書写した。書写が終ると、彼女は次のように祈る。息子の霊魂が青い天に達し、不死のものたちの中に加わるようにと、そしてさらに浄らかな国へと進んで、樹のふもとで唱えられている経を聞くことができるようにと祈る。彼女はまた、彼が決して三つの不幸な生の状態〈三悪趣〉や八つの災難〈八難〉に陥ることなく、充分な業を積んで、蓮華の宮殿や華の座へと楽しく進めるようにと、決して短命に苦しむことなく、浄土で長寿を享受して、浄土にのみ再生を果たし続けるようにと祈る。

息子のことを思いやる、慈愛に満ちた母親は、業が彼ら二人にとって善きものであり、二人がともに救済の果を享受できるようにと祈るのである。

禅語録

禅仏教では、弟子は、すでに悟りを体験している師から修行を受けた。禅師は木の棒で実際に弟子を打って衝撃を与え、日常的な思考の枠組みから脱け出させようとすることもあった。禅師はまた、人を驚かせるような身ぶりや話しぶりによって、禅の根本精神を説明する方法をも心得ていた。偉大な禅師に関する逸話は、仏教のこの形態において最も大切にされてきた典籍のひとつである。

1 趙州が師の南泉に尋ねた。「真の道とはどのようなものでしょうか?」
南泉が答えた。「日々の道が真の道である。」

趙州が尋ねた。「私もそれを学ぶことができるでしょうか?」

南泉が答えた。「学べば学ぶほど、道からは遠ざかる。」

趙州が尋ねた。「学ばなければ、どうして知ることができましょう。」

南泉が答えた。「道は見えるものにも、見えないものにも属しはしない。道は知られるものにも、知られないものにも属しはしない。道を求めたり、学んだり、名づけたりしてはならない。道の上に自己を見出すには、空のように広く自己を開かしめよ。」

2

師が知を求めてやまない僧侶に尋ねられた。「道とはどのようなものでありましょうか？」

「おまえの眼の前にあるものに他ならない。」と師は答えた。

「どうして私には見えないのでしょうか？」

「己れのことばかり考えているからだ。」

「あなたはいかがなのでしょう。お見えになりますか？」

「おまえが、『私には見えない』『あなたには見える』などとものを二重に見ている限り、おまえの眼は曇っているのだ。」と師は言った。

「〝私〟も〝あなた〟もない時、それを見ることなどできるのですか？」

「〝私〟も〝あなた〟もない時、それを見たいと思う者とは一体誰なのかね？」

3

日本の天皇のひとりが皇位を退き、仏法に帰依した。彼は名高い禅師、愚堂のもとを訪れ、次のように尋ねた。「悟りを得たひとは死後どうなるのでしょうか？」

愚堂は答えた。「どうしてそのようなことを私が知り得よう。」

「どうしてですか？　あなたは禅師ではありませんか」と院が答えて言った。

「そのとおりだが、私はまだ死んではおらぬ」と愚堂は言った。

チベットの死者の書

チベット仏教におけるひとつの重要な儀式がひとの臨終の際にとり行われる。ヴァジュラヤーナの伝統のもとでは、ひとはその死後四十九日間、ひとつの生の終りと次の生の始まりとの間の中間状態（バルドー）に入る。この時、きちんと準備がなされた者はニルヴァーナを達成できる。そうでない場合には、再生の循環の中にとどまることになるのである。

死者の書は霊魂の手引書であり、ラマは、これを用いて、死にゆく者に、その生の循環に終止符を打つための大切な機会をつかませる用意をするのである。手引書にはさまざまなテキストがある。以下は、ある翻訳からの抜粋である。

（ラマは死にゆく者に語りかける。）私は今やあなたに、私自身が師から授かった深遠な教えを授ける。……しっかり耳を傾けて、他の雑念によって心が乱されないようにせよ。……苦しい時も苦痛に屈してはならない！……

（死にゆく者の名）として知られるあなたを形作っている諸要素はまさに消え去りつつある。あなたの精神の働きは肉体から分離しつつあり、中間状態に入ろうとしている。落ち着いて、意識を集中してこの状態に入ることができるように、力をふりしぼりなさい！

まず初めにあなたの前に現れるのは、稲妻よりも速い、無色の空《くう》の光のまばゆいばかりの輝きであり、ありとあらゆる方向からあなたを取り囲むであろう。恐ろしくなって、あなたはその光から逃れたいと思うであろう……が、その光の中に身を沈め、単独の自我といった信念や、幻にすぎない我に対する執着をすべて捨て去ろうとしなさい。……

もしこの瞬間に救済に与かることができなければ、ひき続いてたくさんの夢を見なければならないことになる。快いものもあれば不快なものもある。知を得る機会を与えてくれる場合さえある。……けれどもあなたが見聞きするものはすべて幻にすぎず、何ら真に実在する対象を映し出すものではないことを知っておかなければならない。恐れを抱いたり、執着を起こしたりしてはならない！

死後三日半がたつと、仏・菩薩たちが七日間あなたの前にその姿を現すことであろう。……すばらしく、喜ばしい存在であるにもかかわらず、仏たちはあなたを驚かせることになるかも知れない。驚きに屈してはならない！　逃げてはならない！……強い信仰と謙虚さをもって、彼らに祈りを捧げなさい。そうすれば、虹の光のかさの中で、神聖なる父母の心と一体となり、仏たちの国土のそのひとつに住まうことができるであろう。

6 美術と仏教

アフガニスタンから日本にかけて、またインドからインドネシアにかけて、仏教はアジアの美術に大きな影響を及ぼしてきた。仏教は数多くの国々の伝統と相まって、驚くほど多様な美術作品や建築物を生み出してきた。ミャンマー（ビルマ）のラングーンやパガンにある、贅沢に金装飾を施した寺院はひとつの理想の象徴である。日本の禅寺の、地のままの木材やその飾り気のないさまはもうひとつの理想の象徴である。本章で紹介する仏教の美術遺産は、その一端である。

最も初期の仏教美術にはブッダの像は登場しなかった。仏典には「死後肉体が消滅してしまえば、神々にも人間にもそのひとであるとは知られ得ない」と記されている。史上のブッダは般涅槃後、ひとびとの眼には見ることのできない存在となってしまった。したがって、人間の形姿に作り上げることは適当でないとされていたのであった。代わりにブッダはもっぱら象徴物――菩提樹、座る者のいない玉座、足跡、車輪、乗り手のない馬――によって表された。

西暦の始まりまでには、こうした美術上の慣習が変化し始めた。以後、数世紀にわたって、仏像はアジアの美術において、キリストが西洋美術において果したのと同じくらい重要な役割を果してきた。アジアの美術家たちは悟りの諸性質を身体の形の内に表現するべく努めた。仏教は美術に対して、精神的に最も高い次元の刺激を与えたのである。

ブッダの像

ブッダの像が最初に登場するのはアショーカ王によって鋳造された貨幣である。貨幣の像は、法衣をまとった立姿のブッダとなっている。彼の頭の周りは後光が取り囲み、髪はまげに結って、長く伸びた耳朶をしている。片方の手は施しを与えるためにかかげられている（一三一頁参照）。

カニシュカ王の帝国はブッダの彫像の誕生の地であった。それには二つの異なる様式があった。帝国の北部にあるガンダーラでは、ギリシア・ローマの遺産を反映した様式が見られた。ブッダはギリシア風の襞のある法衣をまとっていた。頭部はウェーヴのかかった髪の形に彫られた。

もうひとつの様式はヒンドゥー教美術の影響を受けたものであり、南部のマトゥラーに登場した。マトゥラーの仏たちは軽いインドのドーティすなわち長い腰布を身にまとっていた。髪は直毛で、まげを結っていた。砂岩を彫って造られたこれらの彫像はインドの彫刻様式に近く、柔らかく優しい曲線を描き出している。ブッダは優しく微笑んでいる。これらの二つの伝統から、古典的な仏像様式が現れてきた。それには、国家や民族のもつ伝統の違いにもかかわらず、一目でそれとわかるいくつかの特徴が具わっている。

石窟庵の内部。祠堂内の静けさと安らぎを感じとってほしい。祠堂内には図像学的なブッダの像だけでなく、その像を祀るための美術・建築様式が具わっている。

概して、仏像は微笑んでいる。ブッダの微笑みは、この世ならぬ美の体験を思わせる。それは、静けさと心の安らぎという理想を象徴している。両眼は閉じられていることが多いが、ブッダは眠っている訳ではない――自己の内を観つめているのである。

蓮華座の上に座っているブッダ像は幾度となく造り出された、蓮という植物は仏教においては深い象徴的な意味をもっている。この植物は水面下の泥の中にその根をおろしているが、その花は水上に咲く。ちょうど蓮の花のように、ブッダは汚れた世界に生きて、浄らかさを保ったのである。

ブッダの浄らかなる様子はラクシャナ〈相〉と呼ばれるしるしにも示されている。ブッダは三十二のラクシャナをもち、それらは彼が悟りを開いた者であることのしるしであると信じられていた。最もよく見られるのは、頭部もしくは身体全体を取り囲む後光である。これはプラバーマンダラ〈光背〉と呼ばれ、彼の神々しさを示すものである。頭上のまげ、もしくは隆起（ウシュニーシャ〈肉髻〉は、ブッダが、悟りの際に得た至高の智慧を具えた、とびきりすぐれた頭脳の持ち主であることを意味する。長く垂れた耳朶は、ブッダが王子の時に金や宝石でできた重たい耳飾りをしていたことを示し、ブッダが物質的なものを捨て去ったことを想い起こさせるものとなっている。最後に、ウールナー〈白毫〉すなわち額のしるしは霊的な洞察力を表している。ウールナーの中に宝石が埋め込まれている彫像もある。

ブッダの形姿は、説法や施しや瞑想にふさわしいさまざまなポーズ、すなわちアーサナに造られた。その手の形（ムドラー〈印相〉）もまた様式化された。指を上方に向け、掌を開いた右手は説法のポーズである。深い瞑想を意味する手のポーズは、膝の上に両手を掌を上にして置き、右手を左手の上に重ねるものである。

仏像はインドの外にも広まった。中国における最初の仏教美術はガンダーラ様式の影響を受けたものであった。これらの仏たちは、金箔を施した青銅で造られ、法衣には多数の襞が集中的に刻まれていた。中国の彫像は、インドの神や女神の半裸形という伝統様式ではなく、スカーフやショールやスカートをまとっていた。やがて、ブッダの像はきわめて中国的な外観を具えるようになった。

吐含山上の石窟庵にある朝鮮の仏像はアジアの美術で最も偉大な作品のひとつである。山の岩壁面をまるごと彫り込まれてそびえ立つ仏像は海の方を見つめている。仏は悟りのポーズで座っている。両足は〝結跏趾坐〟に組まれ、左手は掌を上にして膝の内に置かれ、右手は掌を下にして、右膝の上に置かれている。朝日がその額の上の宝石の埋め込まれたウールナーに反射する。この仏像のポーズは見る者に霊的な体験を与えるべく考案されたものである。

現在のアフガニスタンにあるバーミヤンでは、大きな崖に巨大なブッダが彫り込まれた。これはヴァイローチャナ〈毘盧遮那〉仏、すなわち宇宙的規模の遍在仏であった。二〇〇二年、アフガニスタンのタリバンの支配者たちは、前イスラム期の至宝のひとつであった仏像の破壊を命じた。世界中の国々はこの指令に反対したが、石像は瓦礫と化した。アフガニスタン仏教史におけるこの上もなく貴重な史跡が永久に失われたのである。

もうひとつの毘盧遮那仏は日本の奈良で造られた。八世紀、日本の天皇は、疫病の天然痘が国中に流行した際に立てた誓いを果すために、この仏への寄進を求めた。青銅像の鋳造は大事業であった。高さ五十三フィート（約十六メートル）、重さ二〇〇トン以上、塗られた金は五〇〇ポンド（約一九〇キログラム）にも及んだ。日本の国民はその完成に誇りと喜びを感じ、仏像は七五二年に東大寺に安置されたが、それは日本が初めて朝鮮から仏像を受け取ったその年から数えてちょうど二〇〇年後のことであった。大仏安置の際の儀礼――〝開眼〟供養と呼ばれる――において、大仏は国民の前にその姿を現し、かつてないほどの大きな祝福を受けた。

スリランカの横たわるブッダもまた巨大仏のひとつである。このポーズはブッダの死、すなわち

バーミヤン地方にある古い石仏は前イスラム期のアフガニスタンの至宝のひとつであったが、2001年タリバンによって破壊された。

般涅槃を表している。タイ独特のものには歩行姿の仏たちがあり、中には腕をくねらせているものも見られるが、これらはもうひとつのブッダのアーサナ、すなわち彼の手足が象に似ていることを象徴するものである。

どのようなポーズであれ、ブッダの形姿はアジアの美術家たちの最もすぐれた面を表してきた。その作品の大半は無名の仏教僧たちによって造られたものであり、彫像それ自体がひとつの信仰行為であった。過去・未来における仏・菩薩のパンテオンは次第に大きくなってゆき、美術の着想をより豊かなものにしていった。

仏塔の重要性

仏教建築の出発点はごく簡素なストゥーパ〈仏塔〉であった。仏塔は先の尖った山型の建造物で、初めはブッダの遺骨や遺物を納めるのに用いられた。初期の仏塔は泥のレンガで造られており、壊れやすかった。これらの建物の外観は簡素で、感動を覚えるようなものではなかったが、仏塔はその後も仏教寺院の基本的な建築構造のひとつであった。円形構造という点で、仏塔はまさしく、ダルマ〈法〉の車輪と類似点――形態は三次元であるが――をもっていたのである。

時を経るにつれて、仏塔はより洗練された形になっていった。遺物を納める山型の部分は大きくなった。塔の頂は平らにされ、天辺には柵がはりめぐらされることが多かった。この高い場所は、目に見える世界を司る神々が住まう天を象徴している。その上にはしばしば一本の（ないし数層をなした）かさが立ち、威厳に満ちた力——ブッダとその法の力——の象徴となっていた。

初期の仏塔で最も重要なものは、中央インドのサーンチーにある。ブッダは一度もサーンチーを訪れたことはなかったが、アショーカが訪れた。アショーカは、まさにこの僧院のある場所からマヒンダを遣わせて、スリランカを仏教国へと回心させたのであった。アショーカの王妃デヴィが僧院を建て、後に夫が、スリランカへの法の伝播を記念して仏塔を創建した。もとの仏塔は直径約六十フィート（約十八メートル）、高さ約二十五フィート（約七・六メートル）の大きさであった。

アショーカ王鋳造の貨幣に見えるブッダの像。

やがて、サーンチーの仏塔は二倍の大きさになり、古びた木の柵は高さ九フィート（約二・七メートル）の頑丈な石の欄干に取って代わられた（現在これらの欄干は、数世紀の間に訪れた巡礼者たちの名前で埋めつくされている）。

仏塔のドームを強化するために、石のブロックでおおいがなされ、頂上には三重のかさが立てられた。かさの三層は仏教の三宝、すなわち、師（ブッダ）・法（ダルマ）・僧侶の共同体（サンガ）を象徴している。みごとな彫像が施された四つの門はそれぞれ三十四フィート（約十メートル）の高さであり、東西南北の四方位に面している。四角形の柱にはブッダの生涯および前世におけるさまざまな出来事が描かれており、彫刻によるジャータカの表現となっている。

紀元五世紀までに、サーンチーの仏塔の初期のレンガのドームは〝世界の山〟へと完全にその姿を変えた。塔の土台には四人のブッダが座っており、それぞれ門の方角に面している。層状のかさは、巨大なドームを通じて、天と地とを象徴的に結びつけている。

いまだかつて仏塔自体の中へ入れた者はいない。というのも、仏塔は密閉されていたからである。仏塔は礼拝を行う場所ではなく、遺物を納めておく場所であった。伝統的に仏教徒は、それらの周りを歩くこと（巡回）によって、聖なる場所への帰依を表明したのである。サーンチーでは、石の繞道が、仏塔の周囲の地上十六フィート（約四九〇メートル）の高さの所に作られてある。階段によって礼拝者はそこまでたどりつけるようになっている。

世界最大の仏塔はインドネシアのジャワ島にある。ジャワには、侵入者や布教師が押し寄せ、イ

ブッダを象徴的に表現するもの：（上から）足跡、菩提樹、乗り手のいない馬、車輪。

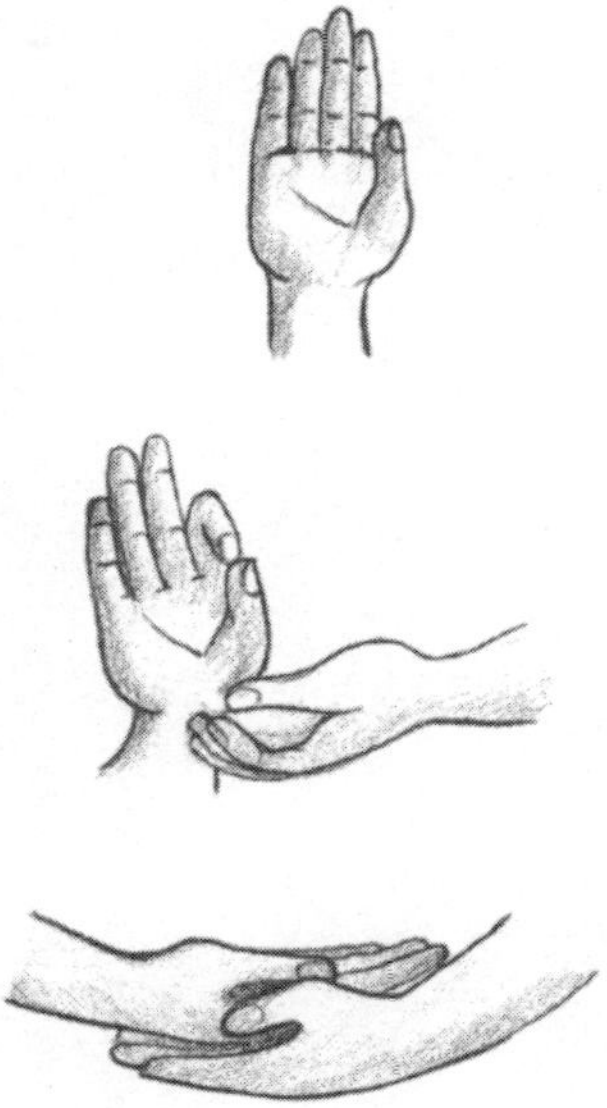

上：アバヤ・ムドラー〈施無畏印〉、安心を与えるポーズ。
中：ダルマ・チャクラ・ムドラー〈転法輪印〉、中道を説くポーズ。
下：ドィヤーナ・ムドラー〈禅定印〉、瞑想のポーズ。

ンド人による植民が行われたが、これらのひとびとによって、ヒンドゥー教と仏教とがもたらされたのである。八世紀、ジャワは、シャイレーンドラ（山の王）王朝によって支配され、航海を業とする帝国の中心地となった。シャイレーンドラの国王たちは熱心な仏教徒であり、彼らの保護の下で、島は文化の花盛りを迎えた。シャイレーンドラ王家の最も偉大な業績はボロブドゥールである。この名は〝蓄積された功徳の僧院〟という意味である。

ボロブドゥールの巨大な仏塔は大乗仏教の宇宙観を象徴しており、六層の方形の壇台およびその上に重ねられた三層の円形の壇台からできている。この仏塔は大乗仏教の宇宙観の象徴である。低い部分の浮き彫りには、再生の循環に束縛された人間が描き出されている。高い部分には、ゴータマ・シッダールタの生涯からとられた美しい場面が描き出されている。さまざまな菩薩も描かれている。上部の円形の壇台に彫られているのは瞑想中のブッダの姿である。頂には装飾のない大きな仏塔がある。これは永遠に見ることも見られることもないもの――空《くう》ないしニルヴァーナ――を表している。塔全体は岩石の中に、人間が大乗の見解どおりにそれに従いゆけばニルヴァーナに到達できるその道を示している。毎年、仏教徒の巡礼者たちが仏蹟を訪れ、ブッダの生涯における三つの重要な出来事、すなわち、出家・成道・入滅を称える。仏の形姿に触れることは幸運をもたらすと信じられている。

中国では仏塔はパゴダへと発展を遂げた。これは数層からなる高い塔である。中国のパゴダは八角形をしており、三重から十三重までの常に奇数の層からなる。インドの仏塔と同じく、これらの

サーンチーにある大きな仏塔の中央のドーム。約2300年前、アショーカ王によって、ここにブッダの遺物が埋められた。ドームの頂きにある３層のかさに注目。ブッダとダルマとサンガ〈仏・法・僧〉を象徴している。

中には仏教の遺物が納められている。中国で仏教が受け入れられると、パゴダは国中のいたる所に建てられた。しかしながら、それらは木造であったために、現存するものはほとんどない。そのひとつである大雁塔はかつての中国の首都長安（現在の西安）に今もその姿を残している。

仏教が中国から朝鮮、ヴェトナム、日本へと伝わるのに伴なって、多層構造をしたパゴダの建築様式もこれらの国々にもたらされた。紀元七世紀までには、これら三つの国のいずれにもパゴダが見られるようになった。パゴダは、学問のための中心施設と、礼拝のための広間ないし建物をも含む伽藍の一部であることが多かった。礼拝堂は宗教感情の念を育むものでなければならなかった。たいてい、巨大な屋根が付いており、高い広々とした内部空間の上方をおおっていた。しかし、照明は明るすぎないようになっており、大きな仏像に対して然るべき畏怖の念がわくように配慮されていた。外側には礼拝堂へ通じる儀礼用の門があり、大乗仏教の守護神たちの像が飾られていた。

ミャンマー（ビルマ）では、仏塔の頂が伸びて、独特の尖塔になった。最も美しい例のひとつはラングーンにあるシュエダゴン寺院である。この寺院にはブッダの聖なる遺髪が八本納められている。

パゴダ建築はビルマでは他に見られないほどに一気に進められた。アノーラタ王は一〇六〇年頃、タトンのモーンの都で仏教経典を手に入れると、それらを宝石のちりばめられた箱に入れ、白い象の背中に乗せて、首都パガンに持ち帰った。彼は自らの仏教に対する敬虔な心を表明するためにパゴダを建て始めた。在俗の信者は、貧富を問わず、王に鼓舞され、霊魂の功徳、すなわち善きカルマを得ることができるようにと、この事業に加わった。

一〇四四年から一三〇〇年頃にかけて、ビルマの国王や一般のひとびとは建造に熱狂し続けた。一一世紀の奉納のための石碑には、ある国王が、職工に自分の名でパゴダを建てさせるために六台の銀の牛車を支払ったと記されている。国王たちはそれぞれの基準に応じて要求を出した。パゴダのレンガの間に針一本でも入るすきまがあったならばレンガ工を死刑にすると脅す者もいた。費用のことはどうでもよかった。というのも、パガンはインドやスリランカとの交易によって栄えるようになったからであった。

この二五〇〇年の間に五千のパゴダが建てられ、都市のある平原の上にまさしく塔の森を形作った。月に二つずつパゴダが建てられたことになる。形態はすべて異なっており、飾りたてたものもあれば、簡素なものも、大きいものもあれば、小さいものもあった。多くは贅沢に壁画や壁面彫刻が施されてあった。パガンにおけるこれほどまでに大きな力の注ぎようは史上例をみないものである。

熱狂的な建造が終りをつげたのは、モンゴルの元首フビライ・ハンが戦でビルマ人を破った時であった。パガンはもう二度とかつての政治的重要性を取り戻すことはなかった。やがて、パゴダの多くは老朽化するか、破壊されるかしていった。それでも、およそ二千ほどのパゴダは、今もこの都市のいにしえの偉大さの亡霊のような影となって生き残っている。

僧院伽藍

仏塔やパゴダがアジア全体に広まりつつあるちょうどその頃、もうひとつの種類の建造物が発達しつつあった。仏教徒の僧院である。その構造は、祈禱のための広間（チャイティヤ〈祠堂〉）と、僧侶のための個室〈僧房〉を備えた住房（ヴィハーラ〈精舎〉）からなっていた。

これらの堂や室は木や石によってではなく、巨大な岩層を掘り込んで造られる場合もあった。岩層を掘り込んで造られた窟院はいくつかの理由から仏教僧を惹きつけた。第一は耐久性に富み、頑丈なことであった。第二には、こうした住居によって、洞窟に住む隠者や苦行者の伝統が守り続けられることであった。第三には、洞窟のある山々が人里離れた場所にあることであった。窟院のある山は仏教僧にとって完全な聖域となったのである。

このような岩層を掘り出した建造物の中には巨大化するものもあった。今日、これらの巨大な掘鑿建造物を見に訪れる者は、これらが僧たちによって岩の表面を一インチずつ削りとられながら掘り出されたものであることに気づいて驚かされる。初めに全体の設計がなされた。それから掘鑿を行う者が、最終的に天井に仕上げられる部分の穴を大まかにあけてゆくことによって、前面を掘り込んでゆく。天井部を起点にして、数百という堅い岩の水平層を通って、最後は建物の床の所まで、奥へ下へと掘り込み作業を行っていったのである。不要な岩を取り除き、地中に埋まった状態の岩を鉄のピックを用いて、大まかな形に削ってゆく。最後の仕上げは、鑿による手掘りで行われた。

祠堂の中には自然石の仏塔が置かれた。祠堂は細長い室が二列の柱で仕切られた構造になっている。どちらの通路も円形の端、すなわちアプスの所でつながっており、遺物や僧院の宝物を納めた仏塔の周りを巡る形になっている。

ヴィハーラすなわち僧房は、概して、外に向かって開かれた正方形の広間で、ヴェランダを通って戸口から中に入れるようになっていた。戸口を取り囲む岩壁面はより深く掘り込まれて、僧侶たちのための小房が造られた。サンガのメンバーはここで生活し、瞑想に耽り、祠堂や仏塔のごく近

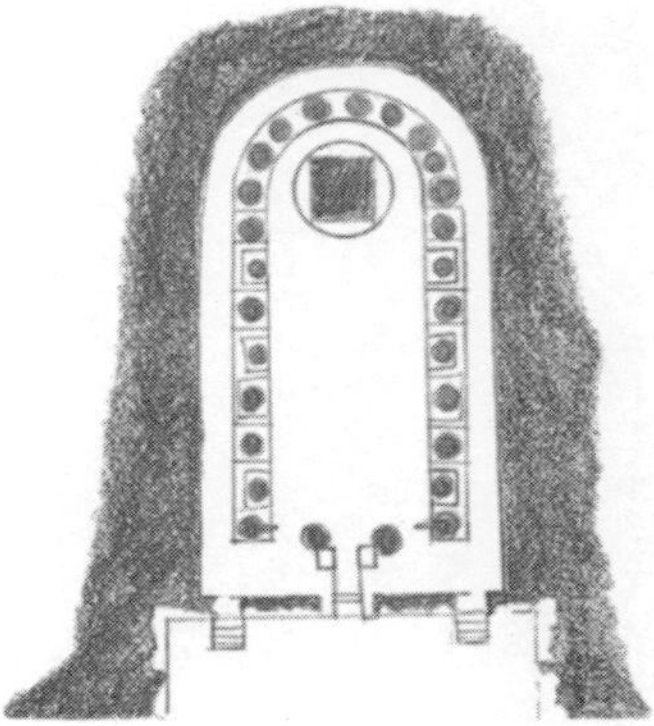

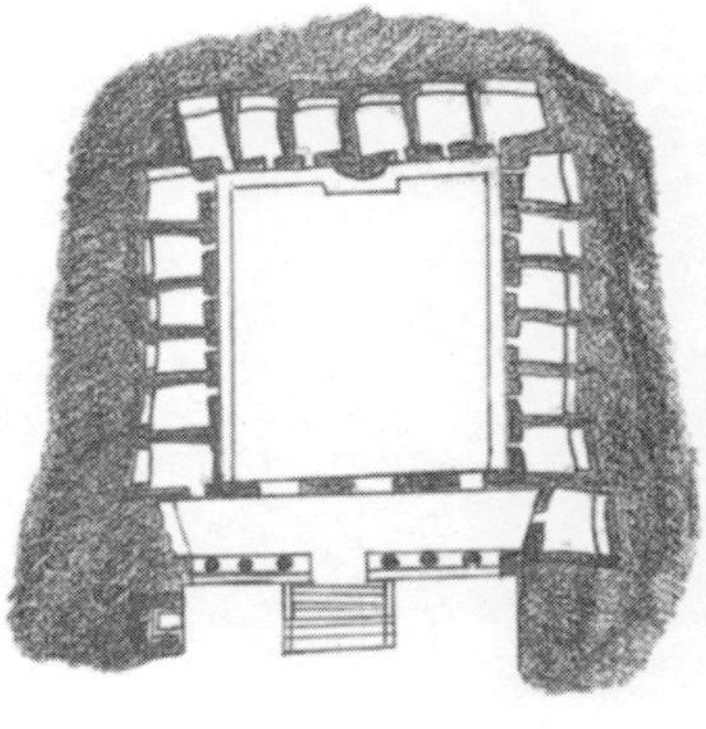

上：ストゥーパを配したチャイティヤ（集会場）の平面図。
下：ヴィハーラ（僧院）の平面図。

くに眠ったのである。僧侶の共同体が大きくなるにつれて、さらに多くの室が掘り込まれていった。やがて学問をするための小室がいくつか付け加えられるようになった。ついに、伽藍形式の僧院ができあがったのである。それは、共同の室、食堂、台所、水の供給用のタンク、小房からなるものであった。僧院は仏教の習得と偉大な仏教美術の中心であった。

窟院は特に壁画でその名を知られていた。インドの壁画で最大のものが、デカン高原として知られるインド南部のアジャンターにある。アウランガーバードの町の近くの高い切り立った崖の上にある洞窟には、紀元前二〇〇年頃にはすでに、僧侶たちが住まっていた。三十の洞窟が発見されている。そのうち五つがチャイティヤすなわち祠堂であり、残りがヴィハーラすなわち僧侶たちの生活の場である。この場所は紀元六五〇年までには放棄されてしまい、一八一九年まで再発見されることはなかった。

輝かしいアジャンターの壁画は仏教の二つの大きな伝統——大乗と上座部——のいずれからも感化を受けたものであった。壁画には、床から天井まで色と形とが渦巻いている。岩面には前もって幾度かの塗りが施され、最後には白いしっくいが薄く塗られた。絵を描き終えると、壁面は光沢を出すために磨きがかけられたが、その光沢は数世紀を経た今もごくわずかしか減じてはいない。薄明りの中ですら、アジャンターの絵画は強烈な、生き生きとした色彩で輝いて見える。

題材は、息を飲むようなブッダの生涯と説法の記録である。般涅槃に近づき、身を横たえているブッダの巨大な絵画は、洞窟の入口からの太陽の光がさしこむ位置に描かれてある。影がブッダの顔面を動いてゆくと、光の中に浮かび上るブッダはその表情を変化させてゆくように見える。

洞窟にはジャータカ物語の場面も描かれている。それ以外の伝説、例えば、悪魔の美しい娘たちによってブッダが誘惑されたことや、未信の者に罵られた時にブッダが千のブッダの姿となってその神々しさを知らしめたという伝説的な出来事なども描かれている。

さらに絵師たちは、王侯貴族や上流階級のインド人の生活からいくつかの場面をとって描き出している。たぶん、これらの洞窟で栄えたサンガを支えたパトロンを記念するためのものと思われる。

祠堂。内部の仏塔の外壁には仏像が彫り込まれている。

学者たちは、これらはその当時のインド人の生活を伝えてくれる発掘財宝であるとした。

同様に、初期の中国絵画の現存する最大の史料は敦煌にある千のブッダの洞窟〈千仏洞〉である。壁にはブッダの絵がその生涯のすべての段階にわたって描かれている。中国の大乗信仰で敬愛された仏・菩薩はすべて含まれている。絵師たちはまた、ニルヴァーナの途次にあるさまざまな天のありさまを生き生きと描き出してもいる。玄奘さえもが、そのインドへの巡礼の旅が辛く厳しいものであったことを示す場面の中に何度か登場している。

チベットの美術

チベットの美術はそのほとんどすべてが宗教的なものであり、タントラ仏教の儀礼や伝統のために用いられている。最もよく見られる美術様式は絵画の描かれた旗（タンカ）である。タンカは寺院や家庭の祭壇にかけられており、行列するラマによって運ばれて、説法の解説に用いられる。タンカの題材はブッダ以外には、他の諸仏・菩薩・著名なラマたちなどである。ブッダはタントリズムの伝統の象徴である稲妻、もしくは空《くう》の象徴である鈴を手にしていることが多い。

チベット絵画のもうひとつの伝統はマンダラ〈曼荼羅〉である。これは幾何学的な絵画――通常、正方形の内部に円形を具えている――であって、〝神の住処〟と見なされている。マンダラそのものは神秘的な諸力を身につけるために用いられる。中央にはブッダないし、他の神聖なる存在の姿がある。その周囲には、空想的なほどに混みいった象徴物や、他の神々や象徴的な場面が描かれている。マンダラの黙想によって、ひとは神的な要素との合一を遂げることができる。マンダラの中には、特別の儀礼のために砂やバターで作られるものもあり、儀礼終了後は壊される。

チベットの彫刻においても、貴金属や、より耐久性のある他の素材だけでなく、バターが用いられる。巨大な像は寺院内に安置され、もっと小さいものは家庭内の祭壇に置かれる。敬虔な信者は〝懐中の祠〟を持ち歩いている。寸法の大小を問わず、祠の後ろ側は空洞になっており、祈禱者の名簿や聖遺物が埋め込まれている。これらはラマがとり行う儀礼の際に祠の中に入れられるのである（この中身は〝聖なる詰め物〟と呼ばれることがある）。

チベットの美術はまた、たくさんの儀礼用具を生み出したが、その最も有名なものは祈禱のための回転車である。これは丸い金属製の円形容器、もしくは筒であり、棒を軸にして回転する。マントラすなわち祈禱文が筒に刻み込まれているか、紙に書かれて中に入れられていなければならない。筒を回すことによって、マントラを唱えたのと等しい功徳を得ることができるが、もちろん、文を唱えるよりも速く筒を回すことは許されない。

禅芸術

禅仏教は日本の芸術にたいへん重要な影響を与えたが、宗派自体の中にもそれはさまざまな面に現れていた。禅芸術は、質素・厳格・清浄といった価値を等しく重んじ、瞑想による心の静けさを強調する。これは典型的な日本の仏教僧院で見ることができるものである。僧院は飾りのない地のままの木材と白く塗られたしっくいとからできている。彫像はない。というのも、ブッダ崇拝がさほど重んじられなかったからである。大乗仏教の人物たちの美しく飾られた姿というものはここには一切見られない。僧院の中心には禅堂がある。他の宗派では重要な部分をなす書庫はさほど重要ではない。仏教経典もまた大して重んじられなかったからである。建築物は簡素で機能的である。

一三世紀に興った日本独自の様式は茶の儀式である。言い伝えによれば、中国から日本に臨済禅をもたらした栄西が茶をも伝えたという。彼は、健康と、瞑想中の精神の緊張を保つために茶を飲むことを勧めた。やがて、洗練された茶の湯の儀式が発達したが、そこでは、茶の用意をし、客にふるまい、客がそれを飲むといった行為における動作のひとつひとつが厳密に規定されている。

簡素な木造の建物の中へ、参加者は低い戸口〈躙口《にじりぐち》〉を通って入ってゆく。この行為によって、自らをへりくだらせるのである。室内には家具や装飾はほとんどなく、わずかに床の間に（花や木の小枝といった）美しいものが置かれているだけである。茶と、茶を入れて供する茶器は贅沢を排した質素なものである。熱湯を注ぐ場面から茶を飲む場面に至るまでの動作は、そのひとつひとつがきちんと定められている。儀式に則った無駄のない動作によって、参加者は自己の心を浄らかにして黙想することができるようになると信じられている。

禅は日本の絵画にも影響を与えた。大乗の仏・菩薩のヒエラルキーが重んじられなかったことから、宗教的な場面が描かれることはなかった。その代わりに、禅画家たちは禅師の肖像画を生み出した。これらの簡素で写実的で心理的な激しさを具えた肖像画は、これまで生み出された中で最もすぐれたもののひとつである。

しかしながら、禅の理想は宗教芸術のみならず、世俗の芸術にも影響を与えた。最も重要なことは、空《くう》の教義が〝見えないものを見せる〟べく、芸術家たちを駆りたてたことである。日本の画家はキャンヴァスや紙を筆づかいでもって埋めつくしたりはしない。画紙の大半の部分は——少なくとも目に見える限りは——余白である。心が、芸術家たちの暗示するものによって、その余白を満たすのである。

禅は墨絵として知られる画法を生み出した。芸術家は黒い墨と一本の筆だけを使って、明るい灰色から黒までの微妙な明暗を表現した。絵はたかだか数回の筆の運びによって描かれることが多かった——が、それ以上の筆の運びをほのめかしていた。〝風の向きを表現するには草の葉一枚で十分である〟とは日本の言い慣わしのひとつであった。

芸術に自然な感じを与えるため〝潑墨法〟を用いる芸術家たちもいた。目標は題材の内面の精神をつかむことにあり、目に見える外形よりも、暗示の世界を創り出すことにあった。

禅は庭園にも影響を与えた。日本人は、ミニチュアで一世界を表現する中国の庭園観に影響を受けてきた。中国式庭園の本質的要素は岩（山々を表す）と水と植物であった。日本人はこれらの要素をさらに簡素化することによって、中国式庭園を一歩前進させた。世界一有名な庭園は京都の龍安寺にある。そこには生きものはいない。注意深く配置された十五の岩が掻きならされた白い砂の上に置かれている。この抽象的な構図によって、庭園はひとびとの心を抱き込み、瞑想へといざなうものとなっているのである。

能の舞台では古代の日本の劇の要素が数多く用いられているが、その追求するところは禅の目標である。目的は言葉を超えた意味を描き出すことである。舞踏に似たゆっくりとした動作の中で、面をつけた役者はすべてのひとに訴えかける物語を語る。しかし、禅の流儀では、能は言葉よりも直観によってより多くのことを教えるのである。能の演技の成功・不成功は、それが〝まことの花〟を具えているか否かにかかっている。

〝まことの花〟はゴータマ・シッダールタ自身に関係がある。ブッダの物語に、彼が説法を聞きにきた巡礼者たちに取り囲まれて座っている場面がある。ブッダは黙ったまま、花を一輪手に取ってかかげた。聴衆は訳がわからないでいたが、ひとりカーシャパ（迦葉）だけは花を見てこっそり微笑んだ。ブッダは彼が〝言葉を超えたもの〟を理解したと観てとった。カーシャパは二十八人の大長老――その最後がインドから禅宗を伝えたボーディダルマ（菩提達磨）であったが――の最初のひとりとなった。

7　仏教の暦年

大晦日の夜の一二時に近づくと、男も女も子供たちも仏教寺院である知恩院に集まってくる。この寺は古代の日本の都、京都にあり、僧侶たちは新年を迎える儀式の準備をする。ちょうど夜の一二時になると、僧侶たちが大きな丸太棒を操り、その端で鐘を打つ。よく通る音が何度も何度も街全体に響きわたる。一〇八回鐘を突くその一打ごとに、僧侶は人間の煩悩をひとつひとつ数えあげてゆく。

子供たちは縄をもって前に行き、その一方の端を寺のかがり火（をけら火）にかざして火をともす。その火のついた縄を家にもち帰って、台所に改めて火をともし、家の仏壇には蠟燭の火をともす。これは新たな始まりの日であり、希望と新生の時である。

伝統的に、新年の前の幾日かは、ひとびとは負債を払い、家の掃除をし、新しい衣服を買い、贈りものを贈り合って、まったく新たな気持ちで新年を迎える。とり行われる諸儀礼は、仏教の再生と浄めの観念と結びついている。

太陰暦（月の位相に基づく）を採用する仏教諸国では、新年は一年の異なる日に始まるが、どの国のひとびとも、それぞれの仕方でその日を特色づけている。元旦は国全体の休日である場合が多い。仕事はなく、ひとびとはごちそうを楽しみ、踊り、歌い、遊戯をしてすごす。

どのような形態の祝祭も、その地方や国の習慣に影響をうけている。仏教の寛容で柔軟な精神は、さまざまな形態の信仰や儀礼を包み込んでいる。

通過儀礼

仏教の実践は、厳密にいえば、寺院や、僧侶の執りなしを必要としない。誰でもがその日常生活において、仏教の教えに従うことができる。寺院は、ブッダの教えにより深く帰依したいと望む者にその場を提供するものである。しかしながら、サンガのメンバーは、ひとびとの生涯における重要な出来事――誕生・結婚・死――を記念する儀式への参加が求められる場合が多い。

慣習は国ごとにさまざまである。上座部仏教諸国の大半では、子供が生れると、両親はその土地の寺院に連れてゆき、そこで命名がなされる。赤ん坊は僧侶によって祝福され、浄めの水を浴びせられる。蠟燭がともされ、傾けられて、溶けた蠟が鉢の水の中に落とされる。この儀式は四つの要素――地・水・火・風――の結合を象徴している。

上座部仏教の婚礼の儀式では、若い新郎新婦が地元の寺院に友人や親類を連れて出かけるということがある。白い木綿の糸がブッダの像の周りに巻かれ、ついで出席者全員に巻かれる。ひとつの共同体に結びつけられたことが象徴されると、会衆は賛歌を歌い、僧侶の長が祝福を与える。そして、僧侶は糸を二本切り取って、一本を新郎の腕に巻く。もう一本は新郎が新婦の腕に巻く——というのも、僧侶たちは女性に触れてはならないとされているからである。しかしながら、仏教国の中には、婚礼が不吉なものと見なされ、僧侶がそれに加わらない国もある。

仏教徒の葬式では僧侶は特別の役割をもっている。家族のひとりが亡くなると、僧侶が呼ばれ、特別の説法をし、死者のために経をあげてもらう。中国、台湾、韓国といった大乗仏教諸国では、等しく、先祖に特別の敬意が払われるため、僧侶は、新たに亡くなった者の位牌をこしらえて、家庭の祭壇に安置できるようにする。

僧侶は〝死に水〟を死体の唇に塗り、その後、身体は沐浴がなされて、きちんと身なりをととのえられる。続いて葬儀が行われる。死者の友人や近隣のひとびとは〝香典〟を捧げて弔意を表す。火葬場では香が焚かれ、会葬者たちは口々に死者を誉め称え、想い起こす。葬式が終ると、家族は野菜だけの夕食をとる。

死者の儀式は通常、数日間続き、その間、遺族は僧侶たちを呼んで家族とともに食事をしてもらう。これは、もし死者が充分な善業を積んでいなかった場合に、死者のために功徳を廻向〈追善供養〉するためのものである。三か月後や一周忌に再び食事の機会をもうけて、死者の冥福を祈る家族もある。

宗教行事

仏教徒には、キリスト教徒が日曜日に、またユダヤ教徒が土曜日に行うような、寺院における定期的な礼拝への参加は求められてはいない。イスラーム教徒のように毎日特定の時間に祈禱を行うこともしない。しかしながら、上座部仏教の敬虔な在俗の信者はウポーサタ〈布薩〉と呼ばれる〝安息日〟を宗教行事として行っているようである。これは太陰月の一日、八日、一五日、二三日にあたる。信仰の篤い信徒たちはこれらの日には寺院に奉納に出かける。信徒の中には籠って瞑想を続けることでこの日のつとめを行う者もあり、この目的のため寺院が用いられる。仏教の説法を聞く者もある。これらの日には、寺院の僧侶は特別の儀礼を行うのが普通であり、それらは、音楽や行列や花火の打上げを伴なうこともある。

東南アジアの仏教徒は、七月から一〇月にかけて、それぞれ異なった時期に訪れるモンスーンの期間を懺悔の時とした。これはキリスト教徒の四旬節に相当するものである。約三か月間、僧侶たちはより厳格な宗教規律を守る。在俗のひとびとはサンガへの布施を増し、瞑想と聞法とによって功徳を積む。

この伝統は、この宗教の中で最も古いもののひとつといえるかも知れない。というのも、その起源は、ブッタ自らが弟子とともにインド北東部を歩いてダルマ〈法〉を説いていた時代に遡るからである。モンスーン期は東南アジアの国々では厳しいものであり、ブッダや弟子たちはそれが続く若くて力があり、立ち上って努めるべき時に、立ち上りも努めもせず、怠惰と無気力とに陥っている者は、決して智慧の道を見出すことはない。

『ダンマパダ』より（20：280）

間は身を休める場所を求める必要があったのである。

懺悔の時期の終りは特別の仕方で祝われる。例えばビルマの仏教徒は、三日間、ダディンジュッ（灯）の祝祭を行う。これは、ブッダが（ニルヴァーナの達成後に）天人たちを伴なってこの世に戻ってきたことを祝うものである。ビルマの村や町は灯油ランプや蠟燭や電灯で飾られ、明りは一晩中ともされている。鮮やかな色とりどりの風船が空中に放たれ、街路は行列や踊りを踊るひとびとであふれる。

モンスーンの季節はもうひとつの重要な宗教行事の時期でもある。ワーゾーと呼ばれる雨よけの行事である。この時期、サンガに入る選択をする若者もいる。大半の仏教国では七歳を過ぎた男子は誰もが、少なくとも一時はサンガに参加するものとされている。僧院に住んで、約二週間、厳しい修行を行うのである。中には、成年男子もこの時期に一時的にサンガに加わり、自ら功徳を積むということが一般化している国々もある。

仏教を祝う祭

仏教国の多くでは、ブッダの生涯における出来事を記念する行事が一年のさまざまな時期に行われている。近年では、ひとびとは香や衣類や花や金銭といった奉納品を携えて寺を訪れる。キリスト教が支配的な国々でクリスマスが祝われるのと同様に、地域の共同体全員が、より手の込んだ祝祭に参加する例もよく見られる。

ラオスでは、ブッダの誕生日は新年の祝いの一部になっている。浄めの水が仏像に注がれ、祭の一部として、ひとびとはバケツに入れた水を互いにかけ合う。籠の鳥は自由にされ、生きた魚は川へと戻される。

日本の仏教徒は花祭りを祝う。これは四月八日のブッダの誕生日の祝祭である。寺院や家々にある仏像に茶をかけるのが伝統となっている。特別の禅の祭日も一年のさまざまな時期にある。その中にはボーディダルマ〈菩提達磨〉の日〈達磨忌〉のように、禅史上の重要な人物を記念するものもある。

日本できわめて一般化している祭日はお盆の祭である。言い伝えによれば、この日には、死者の霊魂がやって来て、生者の中に交わるという。ひとびとは近隣の者や友人を招いて一晩中祝祭を行う。夜明けになると、生者が小さな紙の舟――蠟燭や果物や花が乗った――を近くの小川や池に流す。舟は死者の霊魂を運び去ってゆくのである。

この祝祭は、日本でたいへん愛好されている仏教説話に由来している。目蓮という名の若者が餓鬼道すなわち飢餓の地獄にいる母親の夢を見た。餓鬼道で霊魂が受けている罰は、大量のごちそうが眼の前に置かれながら、それを口に運ぼうとすると炎に変るというものであった。

説話によれば、目蓮は、どうしたらこの責め苦から母親を救い出せるかをブッダに尋ねた。ブッダは、浄らかで慈しみ深くあるように、そして仏典を学ぶようにと説き勧めた。目蓮は比丘になり、何年もが経過した後に、母親を解放するに足るだけの功徳を積んだ夢を見た。感謝の気持ちから、彼は村人たちにすばらしいごちそうを振る舞った。これが最初のお盆の祭だったのである。

上座部仏教の国々では、ブッダの誕生・成道・般涅槃は（異なる年の）同一の日に起ったと信じられている。インドではヴァイシャクリア・プージャー、ラオスではヴィサーカ・ブーサー、ネパールではバルサク・プルニーマ、スリランカではウェサカと、さまざまな名で呼ばれているが、この三重の祝祭は五月の満月の日に行われる。華やかな宗教行列が三度寺院の周りを巡り、寺院から街路へと出てゆく。ブッダの生涯を模した劇も上演される。

最も華やかな仏教の祝祭はスリランカの都市キャンティで行われる。キャンティにある仏歯寺には、スリランカの最も貴重な仏教遺物――火葬後に発見されたブッダの歯――が納められている。遺物は宝石のちりばめられた七重の箱の中に納められており、この宝石箱は決して開けられること

スリランカのキャンティでの手の込んだ“仏歯”
の行列。この行列は通常、年に１度行われる。

はない。しかし、八月のエサラ・ペラヘラ祭の時、一番内側の箱のレプリカが、豪華に飾り立てられた象の背中に載せられて、炬火のともされた街路を運ばれてゆく。これを見るために巡礼者の群れがやって来る。

タントラ仏教が支配的なヒマラヤの王国シッキムでは、五月に楽しく華やかな祝祭が行われる。これは、パドマサンバヴァがダルマ〈法〉を携えてチベットに到着したことを記念するものである。鮮やかな装いをした〝悪魔たち〟が街路に集い、もう一度パドマサンバヴァを追い払おうとする。獰猛に見える面をつけたひとりのラマがパドマサンバヴァの役を演じ、呪術を用いて悪魔たちを追放する。凱旋行列を先導するラマたちは半円形をした黄色の帽子をかぶっているが、この帽子はチベット、モンゴル、ネパールでは権威のしるしともなっている。

サンガの中の生活

サンガすなわち僧尼の集団は、その当初から仏教では重要な位置を占めてきた。ブッダは在世時に、ひとびとが彼の中道に充分身を捧げられるようにとサンガを創設した。

上座部仏教の共同体では、敬虔なメンバーにとって、ニルヴァーナを達成する唯一の方法はサンガに入ることである。僧院生活によってのみ、八正道に完全に従うことができる。そのため、幼い少年を僧院に入れる例がよく見受けられる。八歳になると、〝出家〟と呼ばれる低次の形態の戒を受ける。最も良い衣服をまとわせた子供を父親が僧院に連れてゆく。友人や親類も行列に加わる。

戸口では子供は、ブッダに倣って、衣服を脱ぎ捨て、黄色い衣を受け取る。頭髪を剃られ、托鉢の器やその他の僧の所持品が与えられる。新参者〈沙弥〉として、彼は二人の僧侶の監督下に置かれることになる。ひとりは同僚で、もうひとりは師である。沙弥は、同僚の前に身を伏して、ブッダ〈仏〉とダルマ〈法〉とサンガ〈僧〉に身を寄せる決意を述べる。沙弥には次の十の戒律が授けられる。

1 殺生をしないこと。〈不殺生戒〉
2 盗みをしないこと。〈不偸盗戒〉
3 性行為を行わないこと。〈不婬戒〉
4 嘘をつかないこと。〈不妄語戒〉
5 酒を飲まないこと。〈不飲酒戒〉
6 午後は食事をとらないこと。〈不非時食戒〉
7 香水や個人的な装飾品を用いないこと。〈不塗飾香鬘戒〉
8 大衆娯楽を観ないこと。〈不歌舞観聴戒〉
9 大きな寝台を用いないこと。〈不坐高広大牀戒〉
10 金・銀を受け取らないこと。〈不蓄金銀宝戒〉

年若の沙弥にはさらに、智慧と慈悲という二つの基本徳目と、たんに伝統であるからとか、師の言ったことだからという理由だけで物事を信じてはならないことが教えられる。僧院に留まる道を選んだ沙弥は、二〇歳の時に最後の戒を受けることになる。仏教の授戒儀礼は格式のある印象的なものである。少なくとも十人の僧侶の集団がなければ実施できない。沙弥は三度授戒を求め、師の名を口に称え、また授戒に反対する者は言って出るよう求めねばならない。彼は新しい名と、外衣に加えて上衣・下衣という三つの衣〈三衣〉を受け取る。その後は、プラーティモークシャ〈波羅提木叉〉と呼ばれる、二二〇以上にも及ぶ、より厳しい戒律に従わなければならない。

尼僧になるための手続きや儀式もほぼ同様である。もし沙弥尼が二〇歳未満、もしくは結婚後十二年を超える場合には、二年間の見習い期間〈式叉摩那〉をつとめねばならない。尼僧の衣服には腰布と腰ひもが含まれる。尼僧はまた、僧侶に仕える上での諸規律に従う義務がある。例えば、二週間ごとに尼僧は僧侶の共同体の所へ出かけて教えを受けなければならないが、自らは僧侶に教えを授けることも、戒めを与えることもできない。

典型的な大僧院には僧房があり、メンバーはその中の各房で眠る。また、本堂があり、そこで食事をとったり、読経をしたり、僧院の仕事について会議を催す。内陣があって、仏・菩薩像を立てて、瞑想に役立てていることもある。僧院の中にはまた、大きな書庫があって、仏教に関する典籍や経典が収められている。最後は講堂であり、僧侶はここで在俗のひとびとに説法を行う。

僧院の伝統的な生活の目的は、悟りという目標の追求に適した感興を僧尼に提供することにある。

サンガのメンバーは、とても早い時刻に目を覚まし、瞑想に耽る。適当な時刻に、衣を身にまとい、木でできた托鉢の器をもって外出し、食料や他の布施を求める。聖句を口ずさんだり、鈴を鳴らしたりして、乞食に来ていることをひとびとに知らせる。

僧院に戻ると、彼らは足を洗って、正午の少し前に日に一度だけの食事をとる。午後は、年長の僧侶が年若の僧侶に教えを授け、その後のそれぞれの瞑想へと戻ってゆく。暑い昼間には、しばしば、木の下に身体を休めて、菩提樹下のブッダの瞑想に倣おうとする。

日々の托鉢中の２人の幼い沙弥。前の僧が手にもっているのは蓮の花――仏教の精髄である浄らかさの象徴――である。

日没時には、講堂が開かれ、在俗のひとびとが説法を聞き、質問をするために集まってくる。ダルマ〈法〉を記憶し、保存し、教えるということは、僧侶が他のひとびとに対してなしうる最大のつとめである。公の場で説法をしたり、家々の小さな集いの場で説法をする者もある。在俗のひとびとは、説法する僧侶の椅子の前に食べものや花を置く場合が多い。慣例上、三度請われるまでは説法を始めてはならないが、その後は、心から求める者に対しては誰にでも説法が行われる。最近まで、特に上座部仏教諸国では、僧侶は文化の唯一の伝え手であり、守り手であった。

夕暮れが近づく頃になると、僧侶たちは本堂に集って、読経を行ったり、各人の宗教上の問題について論議を行う。僧院は宗教的ヒエラルキーという組織形態はとっていない。重要な決定はすべて全員一致でなされなければならない。また、キリスト教の修道院のように、従順を誓わされることもない。しかしながら実際は、権威をもった特別のつとめをあてがわれる者もいる。例えば、沙弥に教えを説くつとめを負う者、僧院の庭を管理する者などである。古参の僧侶は集団の指導者と見なされるのが普通である。

月に二度、満月と新月の日には、ポーシャダ〈布薩〉という〃斎日〃がやって来る。古参の僧侶は僧堂で他の居住僧たちに各自の過ちや悪行を隠さず告白するように言う。自らが罪を犯したことを知りながら黙っている僧は、自ら進んで虚偽をなしていることとなり、サンガの戒を破っていることになる。ごく稀に、しかも、とりわけ重大な破戒があった場合に限ってのことであるが、サンガから追放されることもある。

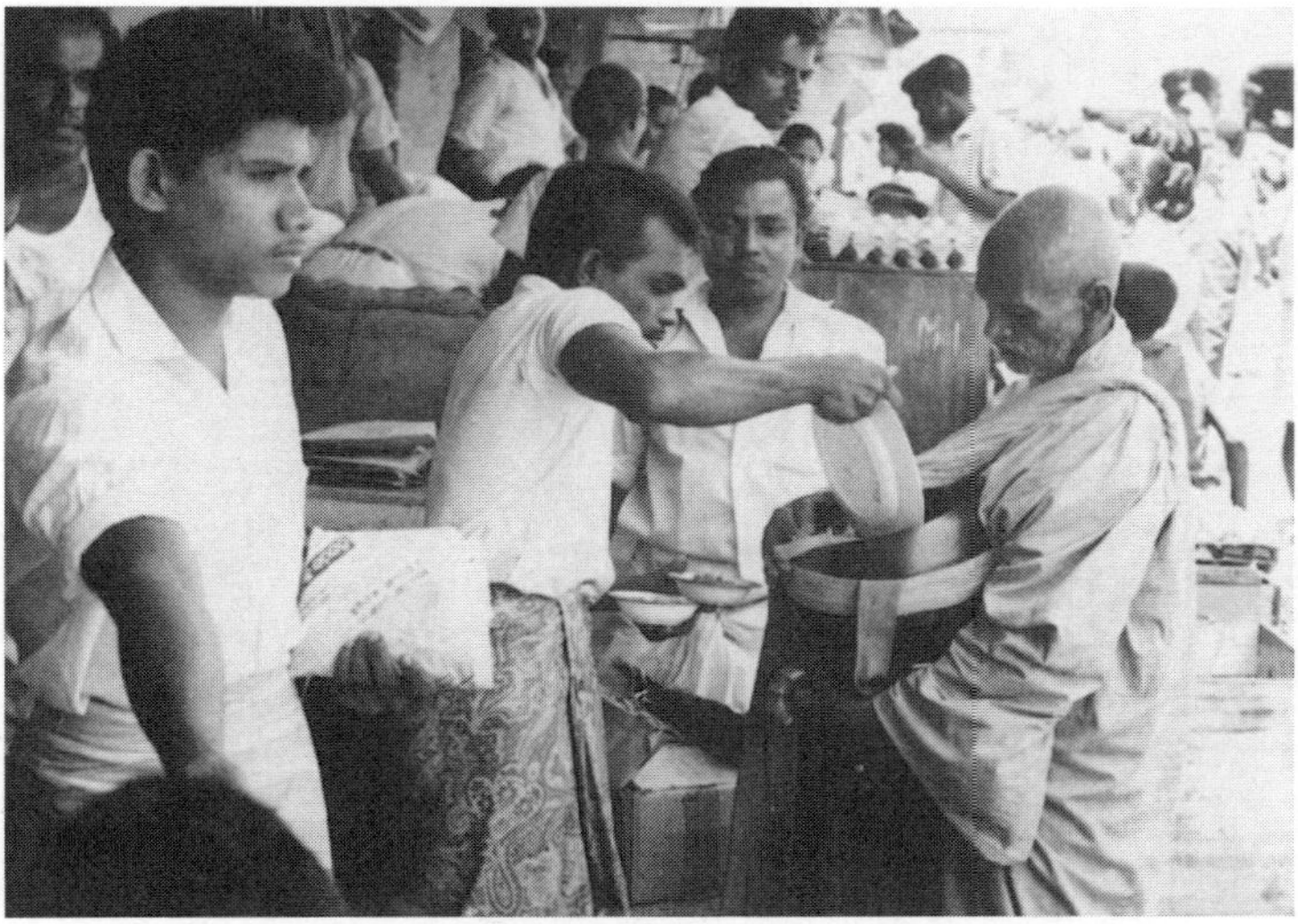

スリランカで、在俗のひとが仏教僧に布施を捧げている写真。仏教では功徳を得るひとつの方法は、日々の乞食にやって来た僧侶に食事を捧げることである。食事の提供はひとつの聖なる儀式であり、儀式としての作法に則って行われなければならない。

おおよそ、以上の説明は今日の大半の仏教僧院について言えることである。しかしながら、仏教の実践がさまざまな形態へと発展を遂げていったように、サンガの生活も変化していった。在俗のひとびとは僧院に対して、食料や衣類、金銭その他の布施を行うことによって功徳を得ることができるために、僧侶の日常の必需品は托鉢の必要なく調達されることになる。それでも、僧侶が日常生活からその身を遠ざけていることの象徴として、托鉢行は残った。肉や魚を食べないサンガの共同体もあれば、動物が自分たちのために殺されていなければ、それを食べる共同体もある。さらに、僧侶は在俗のひとの家庭で食事の招待を受けても構わない。

時に、都市部のサンガの比較的自由で世俗化した慣習に対する反発から、より厳格な伝統が生き残ることもある。スリランカでは、〝林住比丘〟が国の人里離れた地域にひき籠り、洞窟やテントの中で暮しながら、ダルマ〈法〉の瞑想に耽っている。彼らに惹きつけられた巡礼者たちが、布施を捧げて彼らの説法を聞こうと、長い旅をしてやって来る。

仏教徒のサンガは現代の世界に適応してきた。特に強調されているのは社会改革の実践である。在俗のひとびとは、布施をやめて、その代わりに、サンガが学校や病院や家のないひとびとの施設を造るのに手を貸すことが奨励されている。仏教徒のサンガは、核武装解除、国際的正義、人間の諸権利といった現代的な問題を論議するために会議を催す数々の国際諸組織にも加わってきた。

8　現代の仏教

二一世紀をむかえ、仏教徒たちは、彼らをとりまく世界の社会的、文化的さらには政治的な諸状況に、それまでの仏教的な伝統をうまく合わせていく方法を模索しつつある。仏教徒たちは文化の面でも、また国家の面でも、以前とは比べものにならないほどに多種多様である。百年前には、仏教はまだその誕生の地であるアジアに集中していたが、今日では世界中に広まっている。

近年、仏教徒たちはいままで以上に、社会的な活動にたずさわるようになっている。彼らは貧しいひとびとや、ホームレス、ドラッグ常用者、死に瀕しているひとびと、服役中のひとびとに対する活動を積極的に展開している。サンフランシスコでは大規模にエイズ相談サービスを行っている。ニューヨークでは、チベットからの亡命者の子弟に対して、チベット語およびチベット文化の授業を実施している。台湾では、仏教団体が病院を建て、患者の苦痛を取り除くことに力を注いでいる。また世界のいたるところで、仏教徒たちはいままで以上に政治に関心を払うようになっている。核兵器や武器の輸出入、さらには環境破壊に対する反対運動を行っている。仏教学者は人権や医療倫理といった現代的な問題の見地から仏教教理を研究し続けている。彼らは後進たちに正しい生活をおくるための指針を与えるべく研究にいそしんでいるのである。

仏教の復興

一六世紀にヨーロッパの貿易商が初めてスリランカに到着した。彼らの到着によって、仏教諸国はヨーロッパ文化と出会うことになったのである。ヨーロッパ人たちは、スリランカ、ビルマ、ラオス、カンボジア、ヴェトナムといった国々をまもなく植民地化した。中国のキリスト教宣教師たちがそのあとに続き、ひとびとを改宗し始めた。しかし上座部仏教がひとたび繁栄しはじめると、キリスト教は衰退し始めた。

一九世紀には、成長しつつあったナショナリズムの観念が南アジアに吹き荒れ始めた。多くの国々ではナショナリズムは仏教の強化につながった。仏教の復興は、ヨーロッパ人によって一度も植民地化されることのなかったシャム（現在のタイ）に始まった。国王ラーマ四世（在位 一八五一―六八）は王位に就く前から仏教僧であった。彼はサンガの改革を提案して、自国の近代化に着手した。同様の努力が他の国々でもなされた。ビルマ（現在のミャンマー）ではミンドン王（在位一八五三―七八）が仏教復興を成し遂げた。スリランカでは一八七三年に、仏教徒たちが、メソジスト派の牧師と仏教僧とをひとりずつ招いて、それぞれの宗教の長所について論議を行わせた。仏教徒の方が勝利をおさめ、世界中の新聞がこの出来事を報道したために、仏教信仰への新たな熱意

横たわるブッダ。ブッダが般涅槃、すなわち現象世界からの離脱の時を迎えつつあることを示す像である。仏教思想では、死とは五つのスカンダ〈五蘊〉の消滅にすぎず、生の終わりではない。

がうまれることとなった。一八九二年にスリランカ人のアナガリーカ・ダルマパーラは初めて国際的な仏教組織であるボードガヤー・ソサエティー〔訳注：正しくはマハー・ボーディー・ソサエティー〕〈ボードガヤー大菩提会〉を創った。その目標のひとつはすべての仏教徒をまとめることにあった。

南アジアにおいてサンガを復興させようとする努力は大いに成功をおさめた。伝統的な上座部仏教は、スリランカ、ミャンマー、タイでは今日でもなお中心的な宗教としての位置をしめている。

一九七五年以降のラオスとカンボジアにおける共産政権が誕生したことが仏教にはわざわいした。ラオスでは、政府によってサンガの活動が制限されたが、仏教の実質的な迫害にはいたらなかった。しかしながら、カンボジアのクメール・ルージュは仏教の完全な抹殺をはかった。僧尼を虐殺し、サンガを破壊した。カンボジアは六万五千名の僧侶のうちの大半を失い、生き残ったのは約三千名——高等教育を受けたひとびとの全数に相当する——に過ぎなかった。現在の僧侶数は五万名である。とはいうものの、生きていれば、仏教の信仰や教義にまつわる諸伝統を伝えてくれたはずの僧侶たちは亡くなってしまった。その結果、宗教教育は苦難を迎えている。今日カンボジアはその宗教的な基盤を再び確保すべく、懸命な努力を行っている。

現代アジアにおける仏教

ヨーロッパ人が到来するころまでには、中国と朝鮮では大乗仏教の影響力はすでに衰えつつあった。朝鮮人の多くはキリスト教を受け容れたのである。中国では、共産主義が台頭するまでは仏教が命脈を保ったが、その後はあらゆる宗教的行為が憂き目をみることとなった。文化大革命（一九六六—七六）の間、若い近衛兵たちは僧尼を迫害することに懸命になっていた。今日、中国の僧院仏教は主に台湾でその命脈を保っており、活発なサンガが存在している。しかしながら、中国本土でもいまなお一億人以上の中国人がひそやかに仏教を実践しているとみなされている。

フランス人によって植民地化されたヴェトナムでは少数派ながら強力なローマカトリックの信仰が発展を遂げた。北ヴェトナムでは共産主義のもとで、あらゆる宗教が憂き目にあったが、文化の中に身を移すことによって生き延びた。ヴェトナムの再統一に際して、仏教は復興を果した。今日、ヴェトナム人の七〇パーセントが仏教徒であるとみなされている。

一七世紀初頭、日本は、国事に関する外国の干渉とみなされる事態に対して、神経をとがらせるようになった。日本人はキリスト教の宣教師を追放し、ほとんどすべての外国人に対して港を閉鎖した。その後まもなく、日本人の海外渡航はすべて禁止された。日本はつづく二百年もの間、実質的には世界から隔絶することになったのである。一九世紀の半ば、日本は再び開港し、西洋の技術を受け容れることになった。西洋技術はまもなくワールドパワーのひとつとなった。日本の宗教は公式には神道であるが、大乗仏教の多種多様な形態は今もなおひとびとの生活の活力として繁栄を続けている。

第二次世界大戦以降、日本の仏教教団は、在俗の信者を積極的に仏教に参加させるべく活動を続けてきた。青年会や、公開講演、討論会、親睦の集いなどは日本の仏教復興の現れである。新しい形態の仏教が多くの信者を獲得しつつあるのは確かだが、古くからの宗派もなお繁栄を保っている。日本の仏教徒は、さまざまな形態の仏教をヨーロッパや合衆国に伝え広めるにあたっても積極的な役割を担ってきた。

チベットの悲劇

何世紀もの間、仏教の僧侶がチベットを統治してきた。チベットの宗教生活と政治との双方にわたる全体的な統治者はダライ・ラマであった。チベット人は彼をブッダ自身の生まれ変わりであると信じた。一九四九年、中国はチベットに侵攻した。二年後、中国はチベットを併合した。チベットは大まかに二つに分断され、半分が中国の領土となった。

現在のダライ・ラマは一九三五年に生まれ、六四〇年以上にも及ぶ継承位の一四世にあたる。仏教僧たちは彼が二歳の時に次の指導者に選んだ。僧侶たちが彼を養育し、教育を施した。一九五〇年、一五歳の時に彼はチベットの統治者になった。

九年もの間、この若い指導者は中国政府との交渉を試みた。中国政府に言わせれば、彼らはチベット人を仏教僧の厳しい支配から解放したことになる。一九五九年、ラサの付近で、人民が中国に対して蜂起を起こした。制圧のために、中国の軍隊は八万七千人ものチベット人民を殺害した。そのとき二四歳だったダライ・ラマはヒマラヤ山脈を伝ってインドのダラムサラに逃れた。それ以来彼はその地で亡命生活を送っている。

中国による占領の初期の数年間に百二十万人以上のチベット人が亡くなった。中国政府は六千二百以上もの僧院を破壊し、僧尼を投獄した。仏教徒の財産――宝石や金銀、仏像、聖なる品々――を中国に持ち帰り、売り払った。経典は焼き払われた。

チベット人は中国の支配に抵抗し続けている。一九八九年の反中国蜂起後に中国政府は一年間の戒厳令をしいた。一九九〇年代には、チベット人に仏教とダライ・ラマとの護持をやめさせる運動を行った。ひとびとの家の中に仏教にまつわる品々がないかどうかが探られ、政府の役人の子女が仏教学校に通うことを禁止した。チベットでは、誰であれ、仏壇やダライ・ラマの写真をもつことは法律に違反する行為である。

一九九五年、ダライ・ラマは六歳の少年をパンチェン・ラマ――チベット仏教においてダライ・ラマに次ぐ最高宗教指導者――に選んだ。少年はいつか第一五代のダライ・ラマになるのである。中国政府はダライ・ラマの指名を認めず、代わりに別の少年を任命した。パンチェン・ラマの選定に干渉することによって、チベットの宗教の将来を自らの管轄のもとに置こうとしているのである。

一九九九年、ダライ・ラマがカルマパ――もうひとつの高位の宗教指導者――に選んだ一五歳の少年はチベットを脱出した。中国政府はそれまではこの少年を認めていた。チベットの宗教を自らの管轄下に置くための施策のひとつとして、彼の教育に干渉しようとしたが、それに抵抗し、逃亡したのである。翌年、中国当局は八百人以上の僧尼を僧院から追放した。中国の干渉以来、全部で一万二千以上の僧尼が追放、あるいは投獄された。その名を知られたチベットの政治犯のおよそ七三パーセントは僧尼である。

ダライ・ラマはインドのダラムサラにおける亡命自治政府を主張している。インドは、彼とその

150フィートの高さをほこるマハーボディー寺院。ボードガヤーにあり、ブッダはこの地でさとりを開いた。最初に造られたのはアショーカ王の時代である。

信奉者がインドの法律に従う限りは、自治を認めている。一九八九年、ダライ・ラマは、チベットの非暴力的解放に尽力したことによって、ノーベル平和賞を受賞した。彼は世界中を旅して、世界の宗教的・政治的指導者と対話を行った。国際状況の変化、とりわけソビエト連邦の崩壊によって、彼と信奉者たちは、いつかチベットがふたたび解放されて、人民が意のままに信仰を抱ける日がやって来るという望みをもつことができるようになった。

モンゴルに帰った仏教

仏教徒にとって一九九〇年代の最も刺激的な出来事のひとつに、モンゴルにおける仏教の復興がある。モンゴル人は一六世紀以降、仏教を信奉してきた。共産主義者が権力を握るようになって、宗教的な行為はすべて禁止された。一九三〇年代には、二万人以上の僧侶が迫害され、八百の僧院が破壊された。生き残った数少ない僧侶たちはひそかに集うことによって辛うじて仏教の命脈を保った。

一九九〇年にモンゴルでは完全な宗教的自由が回復された。既に年の長けた僧尼たちが、放置されていた寺院に戻ってきた。首都のウランバートルでは、ガンダン寺院が博物館になった。現在では再び僧院となって、詠唱する僧尼のみならず、在俗の信者らが集って活気を呈している。一六世紀から一八世紀にかけて建立された僧院が現在修復中である。モンゴル政府は、国際連合のような外部機関と協力して、基金の設立を支援している。

僧尼をめざすモンゴルの若者の数も著しく増加している。仏教学校では、仏教儀礼において用いられる音楽や舞踏の教育はもとより、哲学、論理学、言語学の教育も行われている。モンゴルの仏教美術および仏教彫刻も、かつての素材や技術を用いて修復の最中である。

仏教の西への伝播

一九世紀に、イギリス、ドイツ、フランスの学者たちはいくつかの仏教経典をヨーロッパの言語に翻訳し始めた。ヨーロッパ人の中にはその中に新たな智恵や展望を見出す者もいた。二〇世紀の間に、仏教は西ヨーロッパの大半の地域でその地位を確立した。フランスやドイツや英国のみならず、オーストリアやスイス、オランダ、ベルギー、イタリア、ハンガリー、ポーランド、スカンジナビア、スペイン、ギリシアでも、その存在を知られるところとなった。

東ヨーロッパでは、一七世紀にモンゴルからロシアにチベット仏教が伝えられた。チベット仏教は一七〇〇年代以降、ロシアで公式に認められた宗教であった。共産主義の勃興によって、チベット仏教は苦難を迎えた。僧院は、破壊されたり、公共の建物にさせられたりした。今日では、かつてのソビエト連邦の地で仏教は復興しつつある。廃墟となった僧院は修復され、新たな僧院も建築中である。

仏教のアメリカへの伝播

一八〇〇年代半ば、ニューイングランドの作家の集団がアジアの思想や哲学に関心をもった。彼らは、日常生活を超え出たところにあるリアリティーの次元の存在を信じたために、超越主義者と呼ばれた。そのひとりがヘンリー・デイヴィッド・ソローであり、『ウォールデン、森の生活』を著した。本書は彼がマサチューセッツの池の畔にある一軒小屋で過ごしながら、自然を観察し続けた数年間のことが記されている。ソローは、多くの超越主義者と同様に、アジアの思想と信仰とを研究し、仏訳の『法華経』を英訳した。彼が直接的に仏教を信奉することはなかったが、仏教徒は『ウォールデン』をアメリカで最初の仏教経典とみなしている。

その間、仏教は合衆国の西海岸に伝わりつつあった。一八四九年、カリフォルニアのゴールドラッシュによって中国人の採鉱者たちが太平洋を越えて押し寄せた。数年後、中国からの労働者は大陸横断鉄道の建設にたずさわった。中国の移民たちはチャイナタウンとよばれるコミュニティーに集団で住む傾向があり、そこに仏教寺院を建てた。これら初期の移民の大半は中国で発展した浄土宗の信者であった。

その後まもなく、日本人の最初の契約労働者が、合衆国に併合された直後のハワイのプランテーションに働きにやってきた。これらの移民もまた主に仏教の浄土宗に属していた。浄土宗の伝統は続いており、今日ではアメリカとカナダの仏教教団の一部となっている。これこそが、合衆国の五〇番目の州であるハワイにおいて、仏教が主要な宗教になっていく歴史の出発点だったのである。

アメリカ本土における仏教

一八九三年、仏教はアメリカ本土に伝わった。シカゴが、合衆国における科学と技術の進歩を記念するコロンビア万博の開催地となった。万博の主催者は人間の精神面についてもその重要性を認識すべきことを決め、世界宗教会議を組織した。参加した仏教徒の中には、アナガリーカ・ダルマパーラと、禅師であった釈宗演がいた。

会議において釈宗演は、通訳を探している宗教関係の編集者に会った。禅師は、英語の知識に秀でたひとりの若い学生を推薦した。この学生こそが、後にD・T・スズキ（一八七〇―一九六六）として知られることになる鈴木大拙貞太郎であり、彼が禅を合衆国に広めたことによって、〝zen〟は誰もが知る言葉となったのである。

若き大拙はイリノイ州へ赴く手はずをととのえていた。彼は鎌倉における最後の座禅会において、ついに（彼の言葉で言うところの）〝見性〟――高度の直観力の獲得――を経験したのであった。合衆国で仕事をするための精神的な準備はととのった。彼の仕事は多大な影響力を及ぼした。彼は仏典の翻訳に十一年を費やし、その日本語による注釈は広範囲において指針となった。後に、一九五〇年代になって、彼は合衆国に戻り、コロンビア大学などの学校で教鞭をとった。彼の仏教概論と禅に関する特論とは熱心な聴衆を魅了した。『禅仏教入門』や『禅の生活』、『禅仏教の本質』といった彼の本は数百万部が読まれている。

禅仏教の魅力

どうして禅仏教はこれほどまでにアメリカ人の心を魅了したのだろうか。おそらくアジアにおけるのと同じ理由によるものだろう。すなわち、禅はひとびとに対して、自己鍛錬や瞑想、教えなどによって自己の存在を精一杯活かし、人生に充足感を見出すべきであるというメッセージを与えたからであろう。禅は現在に生きるべきことを説くが、これはアメリカ人の多くに共通する姿勢である。禅仏教徒にとっては、いま・ここでの経験の質が何よりも増して大切なのである。禅の悟りは、日々の経験の中にひそむ奥深い意味を発見することにある。こうした生き方ならば、たとえその人に固有の宗教を守り通したとしても受け容れることができるものだったのである。

禅は一九五〇年代の〝ビート〟作家たち、なかでも、ジャック・ケルアックやアレン・ギンズバーグの著作を通じて、アメリカ文学の中にも浸透していった。今日では禅の瞑想センターが合衆国のいたる所に見られる。禅仏教は世界中で九百万人以上の信奉者を得ているといわれる。

アメリカの日蓮正宗

大乗仏教の伝統的宗派に属する日蓮宗の起源は、日蓮（一二二二—八二）という名の一三世紀の日本の僧侶にさかのぼる。日蓮は、最高の真理は『法華経』の中にあると説いた。彼の主張は、南無妙法蓮華経（〝すぐれた仏法である法華経に帰依する〟の意）を唱えれば、唱題それ自身の力によって、ひとびとの意識は悟りにまで高まるというものである。

『法華経』に帰依することと、自己を高めるべくつとめることとは日蓮宗のメンバーすべてに求められる。日蓮宗では日常生活における諸問題を克服することが大切であると説かれ、各人それぞれがもつ潜在能力を発展させる責務を負うことが求められる。ひとびとは往々にして自ら苦境を招くことがあるが、同様に、智恵や生命力といった〝仏の諸性質〟を発達させることによって、それを癒す力を具えてもいるというのである。仏教によればこうした性質が各人の中に宿っているのである。日蓮宗の信者は自らの智恵・慈悲・生命力を伸ばすことによって、自己をより広い存在次元へと徐々に高めていくことができると信じているのである。

創価学会

何世紀もの間にわたり、日蓮宗は日本で相当数の信者を獲得してきた。一九三〇年に、日蓮宗の指導者は、『法華経』への帰依を広めるために、創価学会（〝価値を創造する学会〟）を設立した。第二次世界大戦後にはヨーロッパや南北アメリカに使節を送った。一九六〇年代以降の数十年で学会は合衆国中に急速な広まりをみせている。

創価学会とその国際的な組織である創価学会インターナショナルは、国際的な文化交流による世界平和の促進に力を注いでいる。日蓮宗の教義を重んじつつも、母体の日蓮正宗よりもはるかに活発な実践を行っている。一九八〇年代には、この二つの組織が、資金の配分をめぐって鋭く対立した。日蓮正宗の指導者たちは、創価学会が社会活動に際して、その母体、特に僧侶たちから資金を調達しているとみなした。対立は一九九一年についに二つの団体の分裂へといたり、日蓮正宗の法主は創価学会を破門にした。

合衆国において創価学会はアメリカの文化に合わせようと努めてきた。その結果、きわめて広範な学会員を獲得することができた。会員は、およそ半数が白人、一八パーセントがアフリカ系のアメリカ人、一一パーセントがアジアや太平洋諸島の人々、七パーセントがスペイン・ラテン系、などである。このように創価学会はアメリカの民族構成よりも多様なのであるが、その意義は、他の大半の宗教にも増して多様性に富んでいることにこそある。創価学会はこうした多様性を重視しており、学会が人種や文化に関係なく個人の価値を重んじていることの証であるとみなしている。創価学会は、環境問題や女性の問題、世界平和といった現在的な問題への取り組みに重きを置き、多くのひとびとを惹きつけている。世界中で約九百万人、合衆国ではおそらく三十万人ほどの会員を擁している創価学会は最も急速に発展しつつある仏教教団のひとつなのである。

二一世紀におけるアメリカの仏教

今日では、どれほどの数のアメリカ人が仏教徒であるかについての見解はきわめてさまざまである。しかしながら、アジアにおけるのと同様に、合衆国においても多種多様な仏教が存在している。

この一世紀の間にアジアのいたる所から移民がやってきて、仏教のありとあらゆる宗派をアメリカに伝えた。日本の禅宗や日蓮宗、チベットの金剛乗仏教、中国の禅、東南アジアの上座部仏教の諸形態などが含まれる。

現在でも、アメリカ生まれの仏教徒とアジア生まれの仏教徒との間には溝がある。どちらも同じ宗教の形を実践していながら、文化的見地がかなり異なっているのである。アメリカの仏教徒は瞑想やその技法を重視する傾向にある。在俗の信者、とりわけ女性が重要な役割を担っている。アジアの仏教徒が培ってきた経験は、数百年あるいは数千年にわたる伝統と文化とに根ざしているため、ずっと保守的である。さらに、アメリカの仏教徒による僧院の発展は遅々としているが、アジアの仏教徒の多くにとって僧院の伝統は生命線である。この二つの集団が交流することはほとんどないものの、お互いにそれぞれが同じ道に帰依していることは認めているのである。

仏教と未来

一九五〇年代には、世界仏教徒連盟（ＷＦＢ）が組織され、仏教のさまざまな宗派の間での交流を促進し、信仰を広めることとなった。今日ではＷＦＢは四十か国以上にわたる百四十もの支部をもち、世界の三億五千万人の仏教徒の大半の便宜をはかっている。二〇〇〇年には五十周年を祝して、宗派の垣根のない世界仏教大学をタイのバンコックに開校した。この大学は仏教学会および仏教学者のネットワークを通じて、世界中のさまざまな地域に教育と指導とを提供するものである。

世界仏教徒連盟のおかげで仏教の認識は高まっている。一九九九年には合衆国は、仏教世界のいたる所で祝福される日、すなわちブッダの生誕・成道・般涅槃を記念する日を正式に認めた。こうしてWFBの重要な目標のひとつが達成されたのである。

仏教は現代世界にとっても多くの恩恵を与えている。ブッダの生涯と教えについての現代的な解釈によって、ブッダの人間性と、人間の苦悩についての合理的なアプローチとが強調されることとなった。仏教学者の多くは仏教の教えが現在の社会的・倫理的諸問題にとっても重要性をもっていると説いてきた。中でも、すべての有情が親族であるという仏教の教えは、環境に関する諸問題に直面している世界では訴えかけるものがある。仏教徒は、仏教は真の民主主義的な社会の基礎となるばかりでなく、世界平和の基礎にすらなりうるものであるという。

仏教が強調する慈悲と智恵とはいかなる社会に対しても高遠な理想を与えてくれるものである。宗教的な生を営むか否かにかかわらず、ブッダの教えは、他者をいたわる生について考えさせ、ひとびとをそれへと誘うものである。

ダライ・ラマはノルウェーのオスロでのノーベル賞受賞講演において伝統的な祈祷の文句を引用した。それは仏教の高遠な理想を端的に述べたものである。

　この世が続く限り、そして生きとし生けるものが滅びぬ限り、私もここにとどまるであろう。
　この世の苦悩を追放するために。

訳者あとがき

本書は原書で本文一二〇頁余の小冊子ながら、その内容は、仏教の起源・歴史・教理・行事・美術と多岐にわたっており、しかも主題によっては、通常の概説書ではめったに触れられることのない内容までもが具体的に盛り込まれている。これだけ広範な内容を手際よくコンパクトにまとめあげた仏教入門書は邦語のものではなかなか見当たらず、欧米における仏教研究の一サンプルを見る思いがする。

著者は決して自らの仏教観を押しつけがましく語ったりはしない。その語り口は終始、冷静かつ客観的であり、事実そのものをして語らしめるという手法が貫かれている。読者はこれらの具体的な事実を介して「仏教とは何か？」という問いへと導かれ、しだいしだいに奥深い仏教世界へと誘われてゆく。叙述の客観性を重んじる著者の姿勢は厳格であり、著者自身の仏教への主体的な関わりや実践が直接語られることはないが、仏教に寄せる著者の期待は厚い。

著者によれば、仏教の最大の特徴は、その融通性ないし適応力にある。仏教は各地域の宗教・文化・慣習等と融合しつつ、諸派へと発展を遂げてきた。のみならず、こうした諸派への発展が、開祖ゴータマ・シッダールタの精神を失うことなく成し遂げられてきたというのが著者の基本的理解である。このような理解に対しては、あるいは異論もあろうかと思われるが、著者のいうゴータマ・シッダールタの根本精神とは、あくまでも〝現実の苦悩からの解放〟にある。ニルヴァーナ〈涅槃〉にせよ、モークシャ〈解脱〉にせよ、このことから切り離された、単に言語に絶する境地ではあり得ない。概して著者は仏教の中に現実を生き抜く上での拠り所を見出そうとしているのであって、菩薩を中心とする大乗仏教の出現に対する評価も、また「自己の存在を精一杯活かし、人生に充足感を見出すべき……現在に生きるべきことを説く」（本書一七六頁）禅への共感も、根底ではつながっている。したがって、著者の「救済」像もまた、民族紛争の終結や国際平和の実現、あるいは、物質文明の極度の発展の中で見失われてきた人間の精神面での充足といった〝現実〟の諸問題の解決と無縁ではあり得ない。そして、これは今日、大方のひとびとが仏教に対して寄せる期待と相通じるものといえるであろう。これらの諸問題に立ち向かい、その解決の方途を探ることは、まさしくゴータマ・シッダールタが行った〝診断〟と〝治療〟とを地球的規模において果すことに他ならない。

もとより本書に対しては、概括的に過ぎる叙述に食い足らなさを覚え、とりわけ仏教教理について、もっと突っ込んだ記述を求める声もあろうかと思われるが、それはいわば無いものねだりに等しいであろう。更なる読書のために「参考文献」を用意した著者の意を汲んで、この先は読者ひとりひとりが自ら豊かな仏教世界へと分け入り、改めて「仏教とは何か？」を問うてゆくことこそ、著者の真に望むところではあるまいか。

なお、訳者は仏教学や仏教史の専門家ではなく、仏教に関する基礎知識も、専攻する日本倫理思想史を通じて得た、質・量ともにごく限られた範囲のものにとどまる。もとより本書で扱われている領域のすべてをカバーするに足るものではない。出典が明らかなものについてはできるだけ原典にあたって正確な記述を期するべく努めたが、著者の拠り所とする資料が必ずしも明らかでないといった事情もあって、充足に果しきれてはいない。明らかな事実誤認や、訳者の目の届き得る範囲でも誤解と思われる記述についてのみ、訳注でその旨を指摘するにとどまっている。出典が明らかなものの中では、とりわけ漢訳仏典や日本語の文献のものを、ひとたび英文を介して日本語に直す作業にしばしばもどかしさを覚えたが、本書の性格上、難解な漢訳タームはできるだけ避けて、原英文に忠実な日本語訳に努めたつもりである。――なお、常識的と思われる漢訳タームや、サンスクリット・パーリ語のカタカナ表記だけでは馴染みがないと思われる語、および出典が日本語文献のもの等については〈 〉によって相当する漢訳語ないし日本語を示しておいた。原典からの訳出にあたっては先学の業績を多々参照させて頂いたが、基本的には著者の原文を尊重したために、ひとつひとつ注記はしなかった。また、本来であれば、訳者あとがきでは、著者の研究業績・論文等にふれるべきところであるが、これも本書の性格に鑑みて省略させて頂いたことを御了承願いたい。青土社の水木康文さんには校了後の索引作りに至るまで御苦労をおかけしました。心から感謝を表します。

（一九九四・三）

改訂新版によせて

今般、ここに『仏教』の改訂新版を出版する運びとなりました。改訂箇所は、主に第8章「仏教と現代」にかかわるものですが、初版から十年ほどが経過し、仏教をとりまく現代社会の諸状況にも少なからぬ変化が生じたことによるものです。なお、第1章から第7章にかけての旧訳部分についても、この機会にいくつか訳文や字句の訂正をさせていただきました。

この十年間の世界情勢は、とりわけ民族間の対話という点において、必ずしも著者が望んだ方向への変化ばかりではなく、仏教自身にとっても悲しむべき出来事に見舞われはしましたが、これらの〝現実〟を前に、さらに多くの読者が本書を繙かれ、著者の意を汲んで、その〝診断〟と〝治療〟とを模索されることを念じてやみません。

今回も青土社の水木康文さんには旧版と新版との異同箇所をあらかじめチェックしていただくという面倒な作業をしていただきました。お陰ですみやかに訳業を進めることができました。改めてここに謝意を表します。

二〇〇四年八月

宮島　磨

索　引

ア行

カ行

サ行

タ行

ナ行

ハ行

用語解説（アイウエオ順）

アヴァロキテシュヴァラ（観世音菩薩）Avalokiteśvara ――帰依する者を慈愛をもって見守る菩薩。ひとびとに最も敬愛されている菩薩である。

アヒンサー（不殺生）Ahiṃsā ――生きものを傷つけないこと。

アミターバ（阿弥陀）Amitābha ――“無量光仏”という意味の名をもつ菩薩。浄土という極楽に住まう。

アルハト（阿羅漢）Arhat ――あらゆる迷いから解放され，自己の悟りを達成した仏教僧。

ヴィハーラ　Vihāra ――窟院の中の僧侶の住居。

ウールナー（白毫）Ūrṇā ――ブッダの額の上のしるし。眉間にあって，彼のすぐれた洞察力を表している。

ウシュニーシャ（肉髻）Uṣṇīṣa ――ブッダの頭の天辺にある突起。彼のすぐれた智慧を表している。

カルマ（業）Karma ――文字通りには“行為”。ひとびとを終りのない誕生・死・再生の循環に縛りつけ，一生涯でなした行為によって再生時の状態が決定される。

公案　Koan ――弟子に頓悟をもたらすために禅師が用いる難題や物語や短い陳述。

サンガ（僧伽）Saṃgha ――仏教僧の組織化された集団。

サンサーラ（輪廻）Saṃsāra ――誕生・死・再生の絶えることのない循環。

スッタ／スートラ（経）Sutta，Sūtra ――文字通りには“糸”ないし“紐”。ブッダの教えを載せた経典。

ストゥーパ（仏塔）Stupa ――聖遺物を納めたドームないし塔。

禅 Zen ――大乗仏教の日本と中国における形態。

ダーナ（布施）Dāna ――仏教においては，日々の托鉢に来た僧侶に食べものを捧げること。また，僧院に物品や金銭を寄付すること。

ダルマ（法）Dharma ——ブッダの説いた窮極の法すなわち教義。四諦と八正道からなる。

チャイティヤ　Caitya ——僧侶たちが集う祠堂。

ティピカ／トリピタカ　Tipiṭaka, Tripiṭaka ——文字通りには“3つの籠”。仏教徒の信仰によれば，仏典は3つの籠に収められ，ブッダの教えは，僧侶のための戒律と，ブッダの説法・教説と，さらに高次の教義（仏教哲学および心理学）とに区分されていた。

テーラヴァーダ（上座部）Theravāda ——文字通りには“長老派”。ヒーナヤーナ（小乗）としても知られる。仏教の2大形態のひとつであるテーラヴァーダは仏教の原初的・伝統的な形態と見なされている。**ヒーナヤーナ**の項も参照のこと。

ドィヤーナ（禅定）Dhyāna ——高次の瞑想によって達成される心の状態。

ドゥクハ（苦）Duḥkha ——苦悩と空と無常。

ニルヴァーナ　Nirvāṇa ——文字通りには“火が消えること”。仏教徒の最終目標であり，渇望も，独立の“我”も止滅していることをその特徴とする。あらゆる迷いを滅し去ることによって達成される平穏で安らかな状態。

パーリニルヴァーナ（般涅槃）Parinirvāṇa ——ブッダの死。

バルドー Bardo ——死と再生の中間状態にある人間の霊魂。

バルドー・トドゥル　Bardo Thodol ——死者の書のチベット語名。

ヒーナヤーナ（小乗）Hīnayāna ——文字通りには“小さな乗りもの”。大乗仏教徒の用いる語であり，仏教の初期の正統諸派（テーラヴァーダ派）を指す。その仏典は古代インド語のパーリ語で書かれている。**テーラヴァーダ**の項も参照のこと。

ビクまたはビクシュ（比丘）Bhikkhu, Bhikṣu ——仏道に帰依するために出家し，すべての所有物を捨て去って，すべての受戒を完了した僧侶。

仏性　Buddha-nature ——すべての有情に内在する本性。仏になる上での潜在力。

ブッダ　Buddha ——“悟りを開いた者”。

仏壇　Butsu-dan ——日本の仏教徒の家庭用祭壇。

ボーディサットヴァ（菩薩）Bodhisattva ——仏になる上での最終段階にある存在。自らより先に，すべての有情をニルヴァーナすなわち悟りの達成へと導くための誓願をたてた。

ボーディダルマ（菩提達磨）Bodhidharma —— 6 世紀に仏教をインドから中国に伝えた伝説上の僧侶。

ボーディドゥルマ／ボーディヴリクシャ（菩提樹）Bodhi druma, Bodhi vṛkṣa ——シッダールタは悟りを開くまで，この樹の下に座って瞑想に耽っていた。

マーラ　Māra ——悪の化身・死の神。

マイトレーヤ（弥勒菩薩）Maitreya ——文字通りには"慈しみのある者"。慈悲と情けの徳を体現した菩薩。

マハーヤーナ（大乗）Mahāyāna ——文字通りには"大きな乗りもの"。仏教の 2 大形態のひとつ。マハーヤーナーの方が自由で実践的であると見なされている。仏典はサンスクリット語で書かれている。**テーラヴァーダ**の項も参照のこと。

マンジュシュリー（文殊菩薩）Mañjuśrī ——文字通りには"美しくめでたい者"。智慧と雄弁の徳を体現した菩薩。

マントラ mantra ——一種の宗教的効果をひき起こすために用いられる儀礼用の音楽や言葉や句。

ラマ Lama ——文字通りには"すぐれた者"。チベットの仏教僧。

参考文献

Bishop, Peter, and Michael Darnton, eds. *The Encyclopedia of World Faiths*. New York: Facts on File, 1988.

Conze, Edward, ed. *Buddhist Scriptures*. London: Penguin Books, 1959.

Dalai Lama. *The Compassionate Life*. Boston: Wisdom Publications, 2001.

——. *Freedom in Exile*. New York: Harper Perennial, 1990.

——. *An Open Heart*. Boston: Little, Brown and Company, 2001.

Fontana, David. *Discover Zen*. San Francisco: Chronicle Books, 2001.

Hagen, Steve. *Buddhism Plain and Simple*. Boston: Broadway Books, 1997.

Ikeda, Daisaku. *The Way of Youth*. Santa Monica, Calif.: Parallax Press, 1991.

Murcott, Susan. *The First Buddhist Women*. Berkeley, Calif.: Parallax Press, 1991.

Parrinder, Geoffrey, ed. *World Religious from Ancient History to the Present*. New York: Facts on File, 1984.

Saddhatissa, Hammalawa. *Before He Was Buddha: The Life of Siddhartha*. Berkeley, Calif.: Seastone, 1998, 2000.

Smith, Jean. *The Beginner's Guide to Zen Buddhism*. New York: Belltower, 2000.

Smith, Huston. *The Illustrated World Religions*. San Francisco: HarperSanFrancisco, 1994.

Suzuki, D. T. *An Introduction to Zen Buddhism*. New York: Grove Press, 1964.

仏教 改訂新版
〈シリーズ 世界の宗教〉

2004年8月25日　第1刷印刷
2004年9月10日　第1刷発行

著者——マドゥ・バザーズ・ワング
訳者——宮島磨
発行者——清水一人
発行所——青土社
東京都千代田区神田神保町1—29市瀬ビル〒101-0051
［電話］03-3291-9831（編集）　03-3294-7829（営業）
［振替］00190-7-192955
印刷所——ディグ（本文）
方英社（カバー・表紙・扉）
製本所——小泉製本

装幀——岡孝治

ISBN4-7917-6089-1　Printed in Japan

シリーズ世界の宗教

ユダヤ教　M. モリスン+S. F. ブラウン／秦剛平訳
イスラム教　M. S. ゴードン／奥西峻介訳
ヒンドゥー教　M. B. ワング／山口泰司訳
儒教　T. & D. フーブラー／鈴木博訳
キリスト教　S. F. ブラウン／秦剛平訳
道教　P. R. ハーツ／鈴木博訳
シク教　N-G. コウル・シング／高橋堯英訳
仏教　M. B. ワング／宮島磨訳
カトリック　S. F. ブラウン+Kh. アナトリオス／森夏樹訳
プロテスタント　S. F. ブラウン／五郎丸仁美訳
バハイ教　P. R. ハーツ著／奥西峻介訳
アメリカ先住民の宗教　P. R. ハーツ著／西本あづさ訳
アフリカの宗教　A. M. ルギラ著／嶋田義仁訳
神道　P. R. ハーツ著／山内春光訳

青土社